AF260284

VOYAGE EN ORIENT.

COURSE DE TIBÉRIADE

A

CAPHARNAUM.

PAR

GILLOT DE KERHARDÈNE,

Interprète de Terre-Sainte.

ROANNE.

IMPRIMERIE FERLAY,

Rue du Collége, 9.

1860.

VOYAGE EN ORIENT

COURSE DE TURBIADE

PARFENAZI

PAR

GUILLOT DE SEGUSAGE

PARIS
LIBRAIRIE HACHETTE

1890

VOYAGE EN ORIENT.

COURSE DE TIBÉRIADE A CAPHARNAUM.

I.

LE LAC.

Des hauteurs qui dominent Tabariéh, on aperçoit au nord le promontoire où fut Caphar-naüm et je désirais vivement en visiter les ruines. Etant demeuré seul après le départ de mes trois compagnons de pélerinage, je résolus d'exécuter par eau une course au Jourdain su-périenr et d'aborder aux rives de la cité con-sacrée par le séjour du Christ. Il n'y avait d'au-tre bateau dans le petit port du *Ghetto* que celui du pêcheur juif qui m'avait vendu des poissons du lac, dit *poissons de la Passion*. Je le fis venir et nous convînmes, devant l'écrivain maronite, du prix et des conditions de cette navigation. Le lendemain, 17 septembre, au point du jour, je me rendis au Ghetto, où le patron juif et son fils me firent attendre une demi-heure pour achever les apprêts. Enfin, nous étant embar-qués, nous gagnâmes le large à force de rames. Mon interprète m'accompagnait, ainsi qu'un chrétien du pays, que j'avais admis, pour faire plaisir au bon vieillard maronite; de sorte que la frêle nacelle, qui ressemblait à une moitié de noix de coco, avait peine à porter cinq per-sonnes. Comme elle n'avait ni mât, ni voile, ni gouvernail, la moindre vague poussée par une forte brise eût suffi pour la faire chavirer. Par bonheur, la surface du lac était semblable à un miroir ; il n'y avait aucun courant et le ciel était sans nuages. Ce beau lac, aujourd'hui désert, fut jadis couvert de barques, comme on le voit dans l'Evangile: *quantum mutatus ab illo!* Ce batelet juif rappelait seul les souvenirs an-tiques.

Les Arabes nomment le lac : Bahr-Tabariéh, parce qu'après tant de destructions, c'est la seule ville qui subsiste sur le bord occidental. Jettons donc un regard sur la cité moderne dont, en nous éloignant, nous voyons se dessiner l'en-ceinte immobile. Elle gagne à être vue dans le lointain et de notre nacelle nous jouissions déjà du panorama; mais elle est plus pittores-que encore vue du milieu du lac, quand on s'a-vance vers l'est jusqu'auprès du cours du Jour-dain, qui coupe le lac en deux parties. C'est du milieu du lac que le point de vue est le plus favorable à l'optique ; la perspective semble grandir avec l'étendue des eaux et le recul de l'horizon occidental. En restant à terre, sur la chaîne des collines, qui dominent les murailles à l'ouest, on ne peut voir que le lac seul, la ville étant masquée tout entière. En longeant la rive, soit qu'on vienne du nord ou du midi, on ne peut apercevoir la ville que dans sa lon-gueur, et alors elle se montre étroite et rac-courcie entre les collines et le bassin du lac; l'effet de l'ensemble n'est point heureux et la perspective est confuse. C'est du milieu des eaux que la ville apparaît dans toute son éten-due ; elle se dessine aux yeux en se mirant dans les flots, ce qui produit une illusion, car la ville est double, elle est tout à la fois réelle et fantastique. La pente de la rive favorise en-core l'aspect général, et tous les édifices publics ou particuliers se détachent bien du fond com-mun. Les murs crénelés, flanqués de distance en distance de tours rondes, égales et symétri-ques; la forteresse, ou petite citadelle, assise sur un mamelon au nord-ouest et qui semble former un édifice à part, quoiqu'elle tienne à la ville qu'elle défend et qu'elle commande; les minarets de la mosquée, la voûte à plein cintre de l'église grecque, le sérail de l'aga, percé de petites fenêtres, garnies d'un châssis de bois fait avec art, le dôme du bain public, la galerie du Bazar, les terrasses inégales du Ghetto et jusqu'à cette large fenêtre où, toujours en ve-dette, un juif observe la rive du lac où fut Capharnaüm et attend, dans un rêve éternel, qu'une barque se détache tout-à-coup des rui-nes et amène au peuple proscrit le Messie, objet d'une indicible attente ; enfin les pierres blanches du cimetière turc qui touche aux mu-railles, tout s'offre à la fois sans confusion aux regards étonnés, et l'âme se repaît d'un spec-tacle aussi vaste que varié. Mais c'est surtout à cette heure ardente, où le soleil parvenu à son apogée inonde le lac et les rives de mille et mille clartés et colore les blanches terrasses de la cité et les hauteurs d'alentour de lueurs variées et mobiles, que toute l'enceinte de Ta-bariéh, s'illuminant à la fois, éblouit la pensée et les yeux, sous le coup d'une inégale splen-deur. Cette vue merveilleuse a quelque chose de solennel comme une vision et cause dans l'âme une sorte d'éblouissement; il semble voir apparaître sur la plage une ville transfigurée, et que tout soit lumière et prodige, comme après la résurrection des morts, dans la vie fu-ture.

Le calme des flots et le silence des rives me portaient à la rêverie; mais le chrétien indigène m'en tira bientôt en faisant l'éloge de la France.

Il se plut à me raconter pendant cette navigation des faits de notre armée de Syrie : Signor, me disait-il dans un mauvais italien, croiriez-vous que Murat a pu prendre, avec treize cavaliers seulement, la ville de Safad, qui renfermait deux mille Turcs !

Tout était calme autour de nous; à peine de temps en temps une faible brise ridait la face des eaux. Heureuse circonstance, car les tempêtes sont fréquentes sur les coteaux du lac, et si le moindre orage se fût élevé, il eût à l'instant englouti notre batelet, où nous ne pouvions nous déplacer sans danger.

Comme on aime à remonter des effets aux causes et à s'expliquer les accidents qui rendent plus animé un voyage du Levant, je prends occasion de dire ici un mot de ces vents fréquents qui agitent tout-à-coup les eaux du lac et dont l'Évangile raconte un merveilleux effet. Au reste, ces observations conjecturales conviennent à la poésie plus qu'à la physique et mon point de vue est sans conséquence pour la science.

Sur le bassin du lac et dans toute la longueur de la vallée du Jourdain, depuis le lac Mérom ou de Houlé, jusqu'à la mer Morte, les vents viennent pour l'ordinaire alternativement du midi et du nord. C'est le même phénomène observé par les physiciens dans la vallée du Nil, dans les Dardanelles et le Bosphore. Le vent d'ouest ou de la Méditerranée est barré dans sa course avant d'atteindre le lac par la chaîne des coteaux, qui forme une espèce de muraille défensive; de sorte que le vent d'ouest, pour s'y faire sentir, semble prendre un cours oblique. Il en est de même du vent d'est, qui vient du golfe Persique; il s'éparpille dans le désert et revient par des zig-zags, en cotoyant les montagnes de la Décapole, se reformer au midi sur le bassin de la mer Morte; de là il se répand par la vallée d'El-Ghor jusqu'au pied de l'Anti-Liban, où il est arrêté de nouveau. De ces deux courants d'air opposés, qui ont comme leur flux et leur reflux, le vent du nord est le plus sain, puisque le vent du désert, sous le nom de simoun, produit parfois des effets terribles sur les hommes et sur les animaux. Mais quelquefois le vent du nord se forme impétueusement et acquiert la puissance d'un ouragan. Du reste, ces bourrasques durent peu et le lac reprend son aspect serein. Au point du jour, les orages de la nuit tombent presque tout-à-coup, dissipés comme les ténèbres, par la présence radieuse du soleil. Les vents sont ordinairement produits par un défaut d'équilibre dans l'atmosphère; mais il est des orages subits dont la production est particulière à une nature de sol. C'est ainsi que le lac de Tibériade offre à l'observation du voyageur des faits physiques qui appartiennent en propre au bassin du Jourdain, éminemment volcanique. Un effet étrange a lieu sur le lac au moment d'une tempête : les orages sont souvent précédés d'un soulèvement des eaux. On peut observer pendant leur cours une

sorte de flux et de reflux; les eaux s'élèvent et s'abaissent rapidement, et on peut voir sur la rive la trace de leur élévation. Ces alternatives durent plusieurs heures dans les tempêtes. Quelle est la véritable cause de ce phénomène qui a lieu aussi sur d'autres lacs, comme celui de Genève, par exemple ? On ne peut penser que l'électricité des nuages suffise seule à le produire. En effet, les nuages électriques attirent peu les eaux. Ici elles se soulèvent, elles retombent ensuite et produisent par leur chute ces ondulations dont la rive garde quelque temps la trace. Des variations dans la pesanteur de l'air raréfié ou dilaté par le chaud ou par le froid ne peuvent y contribuer à ce point. Il me semble donc que la cause est moins générale. Si on songe que des feux souterrains, attestés par les eaux thermales des deux côtés du lac et par la fréquence des tremblements de terre, sont répandus à profusion sous le bassin du lac et dans toute la vallée depuis le Gibel-el-Chaik jusqu'au désert de l'Arabie Pétrée, on sera naturellement porté à croire que les perturbations du lac sont causées par le dégagement rapide des gaz comprimés dans le sein de la terre; sinon il faudrait les attribuer à une trombe. Mais si une trombe est assez puissante, c'est un phénomène fort rare, au dire des indigènes. J'admets donc l'action des feux souterrains; opinion d'autant plus probable qu'on entend des bruits sourds un peu avant la production du phénomène. Il se fait alors dans les profondeurs du sol une fermentation chimique, et il se dégage du foyer souterrain des émanations violentes qui soulèvent les eaux et troublent l'atmosphère. Là est sans doute la cause locale des orages impétueux qui suivent toujours le phénomène de la perturbation des eaux. Je suis donc porté à croire que les tempêtes qui se déclarent tout-à-coup prennent naissance dans le lac même et qu'il est inutile d'aller en chercher l'origine ailleurs.

Il est à présumer que le vent du sud régnait sur le lac le jour de la bataille de Hittin, puisque, d'après les chroniques arabes, les Sarrasins, ayant mis le feu aux moissons, derrière le camp des Croisés, établi au-dessus de Loubi, la fumée et les flammes atteignirent le camp, et ce fut pour les guerriers latins un tourment ajouté au tourment de la soif.

Quant à la tempête nocturne qui assaillit la barque où dormait le Christ, elle était sans doute le résultat du choc des vents opposés, ou plutôt elle était produite par le lac même, en contact avec le tourbillon aérien et avec l'action simultanée des feux souterrains. C'est là un effet naturel connu de tous les physiciens. La barque eût péri infailliblement; mais le Christ, réveillé par les Apôtres, commande à la tempête et elle tombe devant la parole divine.

Le lac est nommé *stagnum Genesareth*, mot dont le sens est : *auram generans*. La cause de ce nom est curieuse; c'est que le bassin du lac recueille tous les vents des montagnes qui l'entourent, ce qui produit si souvent sur les eaux d'impétueux orages. J'ai voulu savoir des Arabes si la même chose arrivait sur le lac Asphaltite; ils m'ont tous répondu affirmativement. Il est certain, d'après mes propres observations, qu'on ressent à Bethléem et dans les environs de la mer Morte, de terribles coups de vent, sortis du bassin même. Leur impétuosité me rappelait les tempêtes océaniques qui battent les côtes de la Bretagne.

II.

LE JOURDAIN.

Ces orages accompagnés du soulèvement du lac sont fréquents, au dire des indigènes, soit qu'on sente ou non sur la rive des secousses de tremblement de terre. J'en citerai moi-même un exemple. Lors de mon second voyage dans la Galilée, en compagnie du botaniste Aucher-Éloi, de Blois, martyr de la science, nous campâmes à Hittin, et là une tempête nocturne manqua d'emporter notre tente (1). Il serait difficile de dire quelle était alors la direction des vents; car l'orage tournoya sur le bassin du lac en passant par tous les rumbs; il me semble cependant qu'il commença tout-à-coup par le nord-ouest. En tombant avec le lever du soleil cet orage laissa derrière lui une petite brise qui garda la direction du nord-ouest. Cette brise fut presque insensible jusqu'à 9 heures; alors elle se fit sentir jusqu'à 5 heures environ et elle cessa tout-à-fait un peu avant la nuit close.

Le voyageur Anglais Buckingham, qui parcourut la vallée du Jourdain en 1816, éprouva une tempête plus forte encore, sous la tente arabe, au bord du Jourdain. Voici ce qu'il raconte : « Pendant que je passais la nuit à Jebbah » sur la rive gauche du Jourdain, à deux lieues » au-dessous du lac de Tibériade ; un orage » effroyable abattit les tentes du campement; » les troupeaux épouvantés qui venaient y » chercher un abri augmentaient la confusion » générale. Le hennissement des chevaux, les » cris des femmes et des enfants ajoutaient à » l'horreur de cette scène nocturne. Au point » du jour nous fûmes témoins d'un véritable » naufrage; des chevaux, des agneaux, et même » des petits enfants, qui avaient été exposés à » l'orage, étaient morts ou se mouraient au- » tour de nous. Je n'aurais pas cru possible sur » terre les effets d'une si horrible tempête. » Ces détails peuvent suffire pour donner une idée de la climatologie de la Terre-Sainte.

(1) Voir la *Correspondance d'Orient*, t. 5.

Le pays qu'on aperçoit à l'est, au-delà du lac et du haut Jourdain, est le Djolan, ancienne Gaulanite, dont le chef-lieu était Gaulan, ville de refuge. Là fut le royaume de Og, ce géant qui fut vaincu par Moïse. Un bourg, que mon interprète me désigna sous le nom de *El-Ral*, remplace la cité de Argob, dans la demi-tribu de Manassé.

Toute cette région biblique est peu connue, et Burckardt est le seul voyageur qui l'ait visitée et décrite. Elle est habitée par des Grecs et des Arabes Syriens. Au-delà de la chaîne de l'Hermon s'étend le Hauran, au midi de Damas. C'est l'antique Auranite, si fertile en blé qu'un épi y donne quelquefois le centuple (1).

Le Jourdain, ou Nahr-Arden, prend son origine au pied du mont Panion, que couronnent les belles ruines du temple d'Auguste. Il a trois sources, dont la plus considérable sort de la grotte située au nord de Banias, et qui ressemble à celle de Vaucluse. Cette grotte est profonde et, selon Josèphe l'historien, elle communique sous le rocher même, par un canal naturel, avec le petit lac *Phiala*, espèce d'entonnoir, alimenté par la fonte des neiges sur le plateau de l'ancien Hermon, ou Gibel-el-Chaïx. La seconde source, au nord-est de Banias, est dans un ravin et forme le petit ruisseau de Jor, qui arrose une magnifique forêt de chênes. La troisième source est près de *hasbéia*, au nord-nord-ouest, et forme un ruisseau plus considérable qui porte le nom de *Dan*, parce qu'il arrose les ruines de cette ville biblique. La réunion des trois ruisseaux forme le Jourdain, à une demi-lieue, au-dessous de Banias. Il y a là une riche prairie qui a servi de campement à des armées.

Le Jourdain forme plusieurs cascatelles avant d'atteindre l'étang de Houlé, qui a deux lieues de longueur et qui se dessèche en été. Jusque-là son lit est encaissé; mais au-delà il coule dans une vaste plaine jusqu'au lac de Tabariéh. Après la fonte des neiges, il se gonfle et déborde dans la campagne. Toute la vallée est dominée à l'ouest et à l'est par une chaîne de montagnes presque parallèles, et du bassin du fleuve on ne peut voir autre chose que son cours qui serpente, en descendant du nord au sud, et va se perdre dans le lac entre Capharnaüm et Juliade.

Après avoir traversé le lac de Tabariéh, le Jourdain se creuse un lit plus profond encore. De là à la mer Morte, les Arabes le nomment *El-Charria*.

Nous étions arrivés jusqu'au milieu du lac et nous touchions enfin au Jourdain, qui le traverse comme le Rhin traverse le lac de Constance ou le Rhône le Léman, en laissant une ligne distincte ; car la couleur du fleuve diffère de celle du lac, étant jauni par le limon qu'il entraîne dans son cours. Nous vo-

(1) Voyez la carte de la Syrie de Berghaus, publiée à Gotha, en 1835.

guâmes pendant un quart d'heure sur les flots nuancés çà et là par l'azur du lac.

Depuis bien des siècles, me disais-je, aucun Franc n'a sans doute navigué en Galilée sur le fleuve sacré ; je me voyais le premier à le tenter sur le haut Jourdain ; mais je n'ignorais pas qu'un voyageur américain, après avoir fait construire un bateau, à Jaffa, et l'avoir fait transporter à dos de chameau jusqu'à la plaine de Jéricho, avait vogué le premier, dans les temps modernes, sur le bas Jourdain et sur la mer Morte. Cet exemple a été imité depuis dans la Judée par d'autres voyageurs aventureux. C'est ainsi que la curiosité scientifique explorant les régions les moins fréquentées de l'Asie, la Palestine ne peut plus rester étrangère au mouvement de progrès qui s'étend jusqu'à l'intérieur des déserts.

Déjà le haut Jourdain se montrait à son entrée dans le lac ; aucun bruit ne l'annonçait ; il court paisiblement et se fait passage sans mêler ses eaux. Les Arabes le nomment *Nahr-Arden*, c'est son ancien nom en phénicien.

Comme la vallée s'élève du lac jusqu'aux sources mêmes, à Banias, au pied du Panion, du point où nous étions sur le lac, on aperçoit le cours du haut Jourdain et la vallée jusqu'au petit lac de Merom ou de Houlé.

Le Jourdain est le seul grand fleuve de la Palestine, quoi qu'il soit moins large que la Charente, à Saintes. Dans les grandes eaux, il coule à pleins bords ; mais, d'après le témoignage des Arabes nomades d'El-Ghor, depuis Bestan jusqu'à Jéricho, il ne déborde presque jamais. Autant il est limpide et riant à son entrée dans le lac de Galilée, autant il est fangeux et désolé à son entrée dans le lac Asphaltite. C'est le contraste d'un jardin et d'un désert. Entre ces deux sites extrêmes, il varie d'aspect et de couleur dans tout son cours, selon l'inconstance des saisons et l'état plus ou moins pur des cieux.

Du lac à l'étang de Houlé, ce ne sont que pacages abandonnés aux nomades Arabes.

Toute cette région verdoyante appartenait à la tribu de Nephtali. On y remarquait, sur les hauteurs à gauche, Cadès, ville des Lévites, qui servait de refuge, et au milieu, sur une colline, qui domine Mérom, Azor, capitale de Jabin, roi de Chanaan, qui fut vaincu par Josué. La cité, une des plus anciennes de la Phénicie, périt dans les flammes ; un bourg la remplaça jusqu'à ce que Salomon en refit une magnifique cité, détruite aujourd'hui de fond en comble. Le dernier voyageur qui a visité les ruines d'Azor est M. de Saulcy, savant archéologue, qui y a reconnu une construction cyclopéenne. Ces murs faits de blocs irréguliers, et qu'on retrouve en Grèce, en Italie et jusqu'en Amérique, remontent à la plus haute antiquité.

Parmi ces ruines phéniciennes, juives, grecques, romaines et même sarrasines, qui remplissent le bassin du haut Jourdain, si riche en souvenirs historiques, on peut remarquer celles qui couronnent une colline, au delà du bras gauche du Jourdain. Les voyageurs modernes ont été assez embarrassés pour donner un nom à ces ruines. Hockoke n'ose se prononcer et d'autres y ont vu Bethsaïde.

J'adopte l'opinion de Danville, qui y place Corosaïm ou Juliade. Cette petite cité, confondue souvent avec Bethsaïde, située au-dessous de Capharnaüm, était un bourg qu'embellit le tétrarque Philippe, fils d'Hérode et de Cléopâtre de Jérusalem. Il y bâtit un palais et y fixa son séjour, en lui donnant le nom de Juliade, en l'honneur de la fille d'Auguste. C'est là qu'il mourut l'an 54 de l'ère chrétienne. Cette petite capitale de la Gaulanite, à l'ouest de la Bathanée, faisait partie de la Décapole.

Le mot Bethsaïde, signifiant maison de la pêche, a pu être attribué à plusieurs lieux à la fois. Pour concilier les diverses opinions des commentateurs de la Bible, le plus sage est donc d'admettre la communauté de nom entre Juliade et le bourg où naquit saint Pierre, sur la rive occidentale.

Les ruines de Juliade couvrent de débris oubliés un monticule isolé sur la rive gauche, au-delà du second bras du fleuve sacré, qui forme une île verdoyante avant d'atteindre le bassin du lac.

Nous prîmes alors la direction oblique vers la rive droite, tendant de plus en plus vers le nord-ouest. Voyez-vous, me dit mon interprète, ce promontoire blanc et nu ? c'est l'aire où fut Capharnaüm. Je regardais avidement sans voir autre chose que la solitude. Rien de vivant sur cette rive sans ombre, pas même un berger et son troupeau qui eût pu me rappeler les sévères paysages du Poussin, où l'histoire est caractérisée par une ruine ou un tombeau. Les arabes d'El-Ghor n'avaient que faire d'un sol pavé de débris épars, où l'herbe, empêchée par l'entassement des restes d'une cité en poussière, ne pouvait pousser et semblait laisser la place au néant.

Bientôt nous approchâmes de la rive, couverte de ces débris pâles qui semblaient les ossements de la ville évangélique. La rive occidentale, remplie des éclatants souvenirs du Christ, contraste avec la rive orientale, qui n'a été témoin que de merveilles plus obscures, telles que des guérisons de malades et de possédés.

C'est sur cette rive agreste qu'était le pays de Gadara. L'atlas de la Bible de Vence, publié en 1855, porte par erreur : Gérasa, qui est trop éloignée du lac, tandis que le texte syriaque de saint Mathieu donne Gadara, ville de la Décapole.

La rive occidentale du lac, considérée par rapport au cours du Jourdain, est la rive droite. C'est là que nous allons faire une halte, au milieu des souvenirs historiques.

III.

STATION SUR LES RUINES.

En abordant le promontoire, couvert de pierres amoncelées, où croissent çà et là quelques graminées, nous ne rencontrâmes sur cette rive jadis si animée, que l'oubli et le silence. Des débris de sculptures, des fûts de colonnes couchés sur le sol, des chapiteaux corinthiens, des restes de frise travaillés avec art, attiraient notre attention, et nous comparions ces ruines à celles de l'antique Tibériade. C'était la même habileté d'exécution et la même pureté de détails. Une corniche encore intacte avait échappé aux coups du temps et gisait là à côté d'un fronton, mutilé à dessein par les Musulmans. On y reconnaissait l'œuvre savante d'un artiste grec.

> Ce ne sont que festons, ce ne sont qu'astragales.
> (BOILEAU).

Il n'y avait pas un seul pan d'édifice qui fût resté debout, pas une seule ruine, dont on pût reconnaître la destination. Ces mille débris confus, composés d'une belle pierre calcaire, noircie pas l'action du temps, ces fragments d'un marbre blanc d'un grain fin, ces blocs de granit n'offrent plus qu'un chaos; la forme s'est perdue avec le cours des siècles. Ici des plantes sauvages mêlées à la poussière des débris, là des myrtes et des lauriers roses, plus loin l'acanthe et le papyrus; des lézards qui se glissent sur les pierres ou des scorpions réfugiés dans les fentes des marbres brisés; un chacal qui attend la nuit, caché sous des décombres, voilà tout ce qui reste d'une cité célèbre. Le temps a écrit ces mots sur la rive désolée :

> Ci-gît Capharnaüm !

Et en effet, en voyant la confusion de ces débris épars sans que rien s'élève plus haut que l'homme, on croit voir un cimetière et des tombeaux brisés au lieu d'édifices en ruine. Tout est confondu dans une effroyable égalité de destruction, églises, bazars, maisons; c'est le niveau révolutionnaire, appliqué aux ouvrages de l'homme par la fureur lente du temps, aidé de l'action inconstante des tremblements de terre.

Où sont les anciens habitants, Juifs, Grecs, Romains ? Des nomades viennent seuls y camper aujourd'hui avec leurs troupeaux. On dit que les Bédouins aiment le désert, sans doute à cause de l'indépendance qui les attire. Mais comme ils préfèrent de bonnes terres et de belles eaux à un sol aride et brûlé, ils recherchent la vallée du Jourdain. Ils y sont les maîtres, toute autre race ayant disparu comme les feuilles des bois sous le coup des orages, qui les dispersent pour jamais.

Le climat des bords du lac est beaucoup plus sain que celui de Saint-Jean-d'Acre ou de Damas. On ne connaît dans les environs de Tabariéh ni les maladies de foie, si communes dans le pays de Damas, ni les fièvres pernicieuses de la baie de St-Jean-d'Acre. Mais la chaleur est excessive dans tout le bassin du Jourdain, parce que la chaîne des collines, qui dominent à l'ouest, intercepte le vent de la mer, le plus favorable à la santé. L'absence de ces brises, qui rafraîchissent la grande plaine d'Esdrelon et en tempèrent l'air embrasé, est vraiment à regretter. Cette ardeur du sol et le dessèchement des ruisseaux produisent, en été et en automne, des fièvres intermittentes, dangereuses pour les étrangers, surtout si l'on couche en plein air sur la rive du lac. Si une petite brise ne s'élevait du lac, de 9 heures du matin à 4 heures du soir, ni les hommes, ni les animaux ne pourraient supporter l'excès de la chaleur.

Le pays de Génézareth appartient tout à la fois à l'ancien et au nouveau Testament ; mais les souvenirs bibliques s'effacent devant l'image du Christ, dont tous les pas sont encore vivants sur les bords du lac ; ici l'Evangile parle aux yeux du pèlerin. Bethsaïde, Capharnaüm, Juliade, dont les habitants, ayant le cœur endurci, ne se convertirent point à la vue des miracles du Christ, furent maudites; aussi leur destruction est si complète que Dom Calmet et Simon, n'en retrouvant que les ombres, ont disserté sur leur position. Rasées comme le temple de Jérusalem, il n'en reste pas pierre sur pierre au-dessus du sol. Mais comme le terrain s'est exhaussé par l'amas des débris, il est probable qu'en faisant des fouilles on y retrouverait des substructions et peut-être de curieux débris.

Le Père Nau, jésuite, qui visita ces ruines sous le règne de Louis XIV, y vit encore les restes d'une église chrétienne, qui avait la forme d'une basilique. Aujourd'hui on ne peut plus reconnaître aucune trace de l'édifice et les deux beaux palmiers qui s'élevaient au milieu des ruines, ont été coupés par les pasteurs arabes. Les Turcs les avaient respectés.

Le pays dont Capharnaüm était le chef-lieu, et qui formait la plus magnifique partie de l'ancienne tribu de Nephthali, relève aujourd'hui de l'aga ou gouverneur de Safad. Mais entre cette ville et les bords du lac il n'y a point de route tracée; on communique par des gorges où des ravins.

Chose singulière, quand la cité n'est plus, la belle fontaine ronde, située au pied d'un tertre à un quart de lieue des ruines, est toujours la même, et le petit ruisseau, qui y prend sa source et qui arrosait les jardins, a conservé sa limpidité et sa fraîcheur. C'est que la nature, œuvre de Dieu, n'a pas l'inconstance des œuvres de l'homme.

Capharnaüm, dont le nom signifie, selon les hébraïsants, *Lieu de la consolation*, est appelé par les Arabes *Tel-Oum*. Avant d'avoir vu sa dernière ruine par les troupes de Solyman, en 1520, cette ville, comme Nazareth, était un but de pélerinage. Ce fut alors, pendant la révolte générale de la Syrie, que le bourg, qui conservait la place de l'antique cité, fut détruit de fond en comble, selon la prophétie du Christ :

Et toi, Capharnaüm, qui as été élevée jusqu'au ciel, tu seras précipitée jusque dans l'enfer.

St. Luc, ch. X, v. 15.

Les Turcs furent ainsi, sans le savoir, les derniers exécuteurs de la vengeance divine. Aujourd'hui ces ruines sont respectées par les Musulmans comme par les Chrétiens, en mémoire du séjour et des miracles qui fit Jésus pendant sa vie mortelle.

La voix de ces ruines me parlait au cœur, et je priai à genoux sur cette poussière, consacrée par de divins prodiges qu'admirent les Turcs et que ne nient point les Juifs aveuglés.

Dans un livre antisocial, intitulé *Les Ruines*, le philosophe Volney se suppose à Palmyre, et là, à la vue des monuments détruits, il se livre à une triste déclamation contre les prêtres et les rois qu'il accuse de tous les maux du genre humain. Sans doute ce sont les passions humaines qui sont les principales causes de la chute des empires; mais pourquoi méconnaître la Providence, qui sait tirer le bien même du mal ? La raison humaine est bien faible abandonnée à elle-même, et l'homme, en se mettant à la place de Dieu, ne fait qu'aggraver encore le poids des misères de la vie. Ah! il me semble bien plus sensé de s'humilier devant Dieu et de voir dans les ruines des leçons données à l'orgueil.

IV.

LE CHRIST A CAPHARNAUM.

Je ne puis contempler les ruines de cette cité, qui a été une des plus favorisées par le Christ, sans être ému de tristesse. Saint Luc, le seul des évangélistes qui parle du *précipice de Nazareth*, nous raconte l'essai de déicide fait par ses compatriotes sur la personne du Messie méconnu. Pour échapper à ses ennemis, l'homme Dieu se retira à Capharnaüm, où, selon quelques interprètes, il exerça les fonctions de Rabbin ou maître d'école. Comme il y habita jusqu'à l'époque de sa mission, Saint Mathieu l'appelle : la ville de Jésus :

« Jésus étant entré dans une barque, repassa le lac et vint à la ville de Capharnaüm, où il demeurait. » Ch. 9, v. 1.

Ainsi Capharnaüm fut la patrie d'adoption du Christ, et elle mérita d'être nommée sa ville, honneur qu'elle partage avec l'ingrate Nazareth. Jésus y passa une partie de sa vie mortelle, enseignant et prêchant dans les synagogues et se préparant par de bonnes œuvres et par l'humilité à sa mission divine. Comme il y avait sa demeure, il est probable qu'après la mort de saint Joseph, la Vierge vint elle-même s'établir auprès de son divin Fils, dans sa ville de prédilection. Cette conjecture peut ajouter encore à l'intérêt des ruines.

Dirai-je la vocation de Saint Mathieu et le festin qu'il donna à ses amis les publicains ; le pardon accordé par Jésus à la femme pécheresse, qu'on croit être Marie-Madeleine ? Parmi les principaux miracles, les guérisons du paralytique, du serviteur du centenier, de la belle-mère de St. Pierre et de l'hémorrhoïsse, venue de Césarée de Philippe, s'offraient à mon souvenir sur cette aire d'une ville éteinte. Est-il un plus touchant spectacle que celui de la fille de Jaïre ressuscitée ? Aussi combien de grands peintres ont-ils essayé de reproduire cette scène évangélique !

Placée dans une position charmante, à l'extrémité d'une plaine, qui touche aux collines qu'on voit s'élever à l'horizon de gradins en gradins comme un amphithéâtre verdoyant, Capharnaüm était, du temps du Christ, la principale cité des bords du lac. Elle était peuplée de vingt mille âmes et formait comme le centre du commerce de la haute vallée et un lien social entre la Décapole et la Galilée. Le Hauran et l'Idumée lui apportaient leurs produits divers; aussi les Hérodes en tiraient-ils un riche tribut. Quoique déchue depuis longtemps, elle subsista encore sous les empereurs d'Orient. Ce fut l'invasion musulmane qui lui porta le plus terrible coup, en 655. Depuis lors elle ne fut plus qu'un bourg ou village.

Et cependant, chose étrange ! les Musulmans, si ennemis des chrétiens, honorent Jésus comme le vrai Messie. Le texte du Coran s'exprime ainsi : « L'ange dit à Marie : Dieu t'annonce son Verbe. Il se nommera Jésus, le Messie, fils de Marie. »

» Jésus sera l'envoyé de Dieu auprès des enfants d'Israël. Il leur dira : Les prodiges divins vous attesteront ma mission. Je guérirai les aveugles de naissance et les lépreux ; je ferai revivre les morts. »

Coran, ch. III.

Plusieurs fois, dans des visites à des Osmanlis, qui habitent les villes de la côte, j'ai essayé en vain de leur parler de la loi chrétienne. Il s'en trouvait qui me semblaient de bon sens et tolérants ; mais, par prudence, ils évitaient toute controverse avec un chrétien. Ils se refusaient même à écouter la lecture de l'Evangile, quoique ce livre soit sacré pour eux, dans la crainte d'être accusés auprès du Cadi de vouloir se faire *Giaours*.

C'est qu'un firman de Solyman II, législateur des Turcs, défend à tout vrai croyant, sous peine de mort, de donner, même dans une simple discussion, la préférence à la doctrine du Christ sur celle de Mahomet. C'est ainsi que la manifestation de la vérité ne peut être arrêtée dans la société orientale que par la force. La liberté serait mortelle à l'Islamisme.

En général, les Musulmans ont une grande vénération pour le Christ, quoique cet homage soit corrompu par de grossières erreurs. Ainsi ils croient que *Sidi Issa* (notre Seigneur Jésus) est né d'une Vierge, par un prodige divin; qu'il est vraiment le Messie, le Verbe de Dieu fait homme par l'opération du St. Esprit; ils le nomment à cause de cela *Rouh-Allah* (le souffle de Dieu). Mais ils le font monter au ciel sans mourir, niant le mystère de la Croix et confondant la Résurrection avec l'Ascension sur le mont des Olives, puisque, disent-ils, un esprit ne peut pas mourir.

Les Musulmans nient les trois grands mystères du Christianisme : la Trinité, l'Incarnation et la Rédemption. C'est à cause de cette erreur qu'ils ne reconnaissent pas Jésus comme fils de Dieu, mais comme son esprit. Six révélateurs, disent-ils, ont paru tour à tour sur la terre; Adam, Noé, Abraham, Moïse, Jésus et enfin Mahomet, l'apôtre de Dieu. Chaque révélation est divine; mais il faut croire à la dernière, qui est l'Islamisme ou la résignation à la volonté d'Allah.

Les Mahométans lisent l'Evangile avec respect; ils croient aux miracles de Jésus comme à ceux de l'ancien Testament ; ils sont pleins de foi, mais cette vertu est corrompue par l'ignorance et la superstition et rendue cruelle par le fanatisme. Les Chrétiens, en rejetant l'apostolat de Mahomet, sont, à leurs yeux, des infidèles et deviennent leurs ennemis. Et, chose étrange! les Turcs, qui sont compatissants pour les animaux, sont impitoyables à l'égard des Juifs et des Chrétiens.

Si des Musulmans nous passons aux Juifs, nous ne trouvons pas plus chez eux l'incrédulité. Les Juifs ne contestent point les miracles de Jésus, qui, à leurs yeux, était vraiment prophète et thaumaturge ; mais ils disent que pour s'être attribué la divinité, il fut la cause de leur ruine, et qu'ils souffrent à son sujet d'effroyables calamités. C'est au supplicié du Calvaire, disent-ils, que nous devons notre dispersion et la malédiction qui pèse sur nous.

O aveugle interprétation du mystère de la Croix !

Ce n'est pas en présence des Saints-Lieux, si harmoniques avec le récit évangélique, qu'on peut être socinien ou rationaliste. Socin, ce fameux précurseur du docteur Strauss, au seizième siècle, ne s'arrêtait ni à l'autorité de l'Eglise, ni à la tradition ; il ne voyait que trois choses dans la vie du Christ : l'enseignement de la morale, l'exemple de la vertu et une doctrine scellée par le martyre. Jésus était à ses yeux le plus sage de tous les hommes, une sorte de Confucius.

Mais un sage n'a pas la puissance des miracles ; il ne peut ressusciter les morts ! C'est là qu'est le véritable signe de la divinité !

Sans entrer ici dans aucun détail sur une vie aussi incompréhensible que celle du Christ, et dont l'ombre même est restée inexpliquée, quoiqu'on ait beaucoup écrit sur ce sujet sublime qui intéresse l'humanité, j'ajouterai qu'en parcourant les bords sacrés du lac, je relisais l'Evangile avec une méditation plus tendre ; il m'en restait je ne sais quoi d'enthousiasme pour la vertu, et cette lecture passionnée influera probablement sur ma vie entière. Toutes les paroles de l'Homme-Dieu sont pour mon cœur de merveilleux oracles de sagesse. Toutes les traces qu'il a laissées là sont des exemples auxquels je me plaisais à m'asservir, et je dirais volontiers comme les Orientaux, dont bon nombre portent le nom d'Abdallah, qui signifie, *esclave de Dieu* : Oui, je suis serviteur de Dieu !

Ah ! si jamais sur la terre l'imitation est sublime, c'est quand l'homme imite le Dieu qui se fit mortel et s'asservit au supplice de la croix pour sauver le genre humain.

V.

DEUX PÈLERINS DE SOUR.

Le pélerinage est une dévotion générale dans le Levant. Les Indiens payens, comme les Juifs adorateurs du vrai Dieu, en avaient l'usage dans l'antiquité. Les Chrétiens, depuis sainte Hélène, ont fréquenté les saints lieux, et les Musulmans, imitant tout à la fois les Juifs et les Chrétiens, leur en ont emprunté l'usage. Les Persans et les Turcs vont à la Mecke, comme les Juifs et les Chrétiens à Jérusalem. Dans les rites séparés de Rome, les prêtres, qui n'ont rien du désintéressement du clergé catholique, imposent comme une pénitence le pélerinage des saints lieux. Voilà pourquoi presque tous les schismatiques, Grecs, Arméniens, Nestoriens, se voient obligés de visiter la Terre-Sainte. Ceux d'entr'eux qui ne peuvent aller jusqu'à Jérusalem, se bornent à visiter un sanctuaire plus rapproché. Les Chrétiens de la Syrie vont donc visiter la Galilée, au moins, s'ils ne peuvent aller jusqu'à Jérusalem, par crainte du brigandage ou par la difficulté de s'éloigner d'une famille alarmée. Ils sont pleins de foi, mais peu éclairés et aussi superstitieux que les Musulmans. L'ignorance des Arméniens surtout est proverbiale.

Pendant que je visitais les ruines, il arriva de Safad deux marchands grecs guidés par un vieux janissaire. Etant venus de la côte dans la haute Galilée pour y acheter les cotons si renommés du pays, ils avaient voulu, avant de repartir pour Sour (l'ancienne Tyr), visiter les bords du Jourdain et ceux du lac évangélique. C'était s'acquitter facilement de l'obligation du pélerinage. Après être allés, au point du jour, se baigner dans le fleuve sacré, ils venaient donc comme moi visiter les ruines de Capharnaüm, si rapprochées de Safad, où ils séjournaient depuis plusieurs jours. Ces marchands, curieux de voir un sanctuaire, cherchaient des yeux de tout côté sans voir autre chose que les ruines. C'est cette coïncidence de leur visite avec la mienne à Capharnaüm, qui m'a fourni l'occasion d'observer le caractère des Chrétiens orientaux, et de juger de leur infériorité morale par rapport aux catholiques latins, qui savent distinguer la superstition du vrai culte.

Les Arabes nomment les Chrétiens grecs Roumi, en souvenir des Romains. Ils leur donnent aussi le nom de Melkites, ou royalistes, qui leur est attribué en Syrie depuis les croisades. Ce nom, d'origine arabe (1), vient sans doute de leur attachement à l'empereur de Constantinople, pendant la domination des rois latins à Jérusalem. On le fait même remonter jusqu'à l'époque des querelles religieuses sous les empereurs grecs. Tous les Chrétiens de la Syrie ayant suivi le parti de Justinien, qui s'était déclaré monothélite, furent nommés Melkites à cette occasion, et ce nom leur est toujours demeuré.

Ces pélerins ne voyant là que des pierres et des débris amoncelés, ne prirent aucun intérêt au sanctuaire. Mais sachant bien que les Francs, qui viennent dans la Terre-Sainte, ne dépassent presque jamais Nazareth et le Thabor, ils s'étonnaient de me voir dans le bassin du haut Jourdain. S'approchant de la pierre sur laquelle j'étais assis : Nous sommes descendus ici pour voir les ruines et le lac, me dirent-ils ; mais nous nous en étions fait une plus haute idée ; la renommée grossit tout. Il n'y a rien ici qui puisse approcher des belles antiquités de Sour, dont le territoire infidèle a été aussi évangélisé par le Christ. Ils s'assirent près de moi et je les interrogeai sur le pélerinage de Jérusalem : « Nous ne pouvons pas y aller facilement, puisque la route est infestée de brigands ; nous y avons donc renoncé. Cependant nous nous trouvions appelés par nos affaires commerciales si près du saint lac de Tibériade, que nous avons, comme vous le voyez, profité de l'occasion d'y suppléer par la visite du Jourdain et du sanctuaire de Capharnaüm. » On a raison de dire que, si les montagnes restent en place, les hommes se rencontrent. Comme j'avais séjourné à Sour, l'un d'eux, qui m'y avait vu chez le signor Elias, riche marchand de tabac, me reconnut et nous renouvelâmes ainsi connaissance. Après avoir causé du bon Elias, mon ancien hôte, dont il m'apprit la mort toute récente, ils me demandèrent des nouvelles de l'Egypte et de la Grèce, et je finis par les ramener à la question religieuse : « Je sais, leur dis-je, que beaucoup d'Orientaux sont de bonne foi dans le schisme ; mais vous m'avouerez que la plupart n'ont que des préjugés pour motif de leur séparation d'avec Rome. —Nous tenons avant tout à la nationalité, me répondirent-ils. Dans notre race, l'antipathie contre Rome est invétérée. On se souvient que la Grèce a été asservie à l'Occident. Lorsque l'empire d'Orient

fut séparé, ce fut une satisfaction d'amour-propre. Plus tard on voulut que Constantinople remplaçât Rome, et malgré la funeste conquête de l'Orient par les Osmanlis, les Grecs se sont maintenus jusqu'à nos jours comme une nation séparée de Rome. L'idée politique ayant réagi sur l'idée religieuse, le schisme est devenu une affaire d'amour-propre national.

J'ai rencontré plusieurs fois des Orientaux schismatiques qui me plaignaient de n'avoir pas comme eux la certitude d'aller en paradis. Pourvu que nous fassions le pélerinage de Jérusalem, me disaient-ils naïvement, les patriarches nous accordent non-seulement la rémission de nos péchés, mais des *billets de Paradis*, qui nous assurent le salut éternel. Pour vous, catholiques, vous êtes privés de ce précieux avantage. Comment faire entendre raison à de pauvres gens, imbus dès l'enfance, de si déplorables erreurs ? Ceux d'entre les Grecs ou les Arméniens qui ont payé fort cher ces billets de paradis, les montrent avec ostentation et se vantent du titre de hadji comme le font les Musulmans. Il ne faut pas s'étonner de cet abus de la crédulité populaire ; la simonie est publique chez les schismatiques. Dans les couvents de Jérusalem, les pélerins sont indignement traités ; on les dépouille de la dernière piastre. La fête de Pâque est l'époque où les abus sont le plus criants. C'est surtout dans la cérémonie du feu sacré, qu'on renouvelle le samedi-saint que les patriarches se jouent avec plus d'audace de la crédulité des pélerins, en faisant croire à un prétendu miracle du feu nouveau allumé dans l'intérieur de l'oratoire du St. Sépulcre. C'est une honte pour le christianisme et les Turcs eux-mêmes en font d'amères railleries. Tout cela n'est que trop vrai ; mais comment faire ouvrir les yeux à des aveugles ? L'idée de se dénationaliser, en se faisant catholiques romains, c'est-à-dire francs, comme le croient les Turcs, domine toute la question aux yeux des Grecs orientaux. La tyrannie des Turcs et des intérêts matériels ont fait le reste. Il y a à Sour une église grecque unie, où l'on a conservé le rite, mais où fleurit la doctrine catholique ; oui, sans doute ; mais les Grecs séparés, de connivence avec les Turcs, reprochent aux partisans de la papauté de s'être dénationalisés et de s'être fait Francs. Se soumettre à l'église Romaine leur semble faire acte de sujétion politique à l'Occident.

Au bout d'une demi-heure, après d'autres paroles encore échangées, soit en italien, soit en grec, soit en arabe, les deux pélerins de Sour se levèrent pour reprendre le chemin de Safad, en me répétant que ces ruines ne valaient pas la peine que je m'étais donnée pour les visiter. Tel est le caractère des Chrétiens indigènes : ils ne savent rien voir, et, pour qu'ils trouvent beau un site, un débris, un monument, il est nécessaire qu'un étranger venu de l'Occident le leur apprenne par son admiration. Ils n'entendent rien à l'enthousiasme de la belle na-

____
(1) Malcki, partisans du roi.

ture et les arts sont lettre morte pour les descendants dégénérés de ces Grecs, qui nous ont initiés à la civilisation.

Je les vis remonter vers Safad en les suivant des yeux. Ils se hâtèrent d'autant plus qu'ils craignaient la rencontre des Arabes du Jourdain, qui courent impunément le pays et dépouillent les voyageurs sans défense. En descendant le ravin, qui sépare Safad de Capharnaüm, on peut y venir en trois heures, si on suit le lit du torrent qui se jette en hiver dans le lac près du Han Minieh, à l'ouest. Mais pour remonter il faut cinq ou six heures. Je les perdis de vue vers la colline de Dothaïm, célèbre par l'aventure de Joseph. C'est au-dessus, à l'horizon même, que s'élève, comme une aire d'aigle, la ville juive de Safad, la plus haute de la Palestine. La route serpente entre les hauteurs de Nephtali et la petite mosquée consacrée par les Musulmans à la mémoire du patriarche Joseph.

<h2 style="text-align:center">VI.</h2>

<h3 style="text-align:center">REMBARQUEMENT.</h3>

Le père Nau, qui visita, dans la seconde moitié du 17e siècle, Capharnaüm, nommé aujourd'hui Tel-homm par les Arabes, au retour du pélerinage de Jérusalem où il avai taccompagné le marquis de Nointel, ambassadeur de Louis XIV à Constantinople en 1674, s'exprime ainsi :

« Nous eûmes peine à reconnaître la place de cette malheureuse ville, tant elle est ruinée. Tout y est rez-pied-rez-terre. On y voit plusieurs morceaux de colonnes renversées, des frises et des chapiteaux bien travaillés. Le plan d'une église qui y était, est encore fort visible. Le tout en est bien marqué et la base des colonnes, qui formaient la nef, qui a eu ses ailes de part et d'autre, y paraît bien. Pour ce qui est du reste, vous n'y voyez que des pierres, à la réserve d'une voûte et d'une espèce de je ne sais quel bâtiment carré, qui sont encore assez entiers. »

L'état actuel, à un siècle et demi d'intervalle, est encore plus misérable, beaucoup de pierres ayant été enlevées pour bâtir à Safad, et la misère du pays croissant de plus en plus, sous l'absurde oppression des Turcs.

Il était dix heures et le soleil commençait à rendre ardentes les pierres de Capharnaüm ; nous nous réfugiâmes à l'ombre d'un monolithe, car il n'y avait pas un arbre à un quart de lieue de distance; le promontoire où était bâtie la ville, semblait nu comme le désert. Ce monolithe bien conservé nous servit d'abri, et ce fut là que j'écrivis quelques notes sur mon journal, pour m'expliquer les ruines étalées sous mes yeux. Ensuite, j'ouvris l'Evangile et j'y lus le passage qui avait trait à Capharnaüm. Lassés de m'attendre, mes compagnons de voyage vinrent interrompre cette lecture. Signor, me dirent-ils, les Arabes peuvent venir d'un instant à l'autre ; il n'est pas prudent de rester si longtemps ici. Je me levai et je leur racontai en italien le miracle de la résurrection de la fille de Jaïre ; mais ils ne partageaient pas les sentiments que j'éprouvais, préoccupés de la crainte des Arabes, et, comme toutes les âmes vulgaires, peu sensibles à l'idéal. Absorbé dans mes réflexions, j'allais me rembarquer, quand le guide me fit observer que nous n'avions pas déjeûné. Comme j'avais apporté des provisions suffisantes, nous déjeunâmes sur la rive avant de reprendre notre navigation. Le repas terminé, je dis adieu à la patrie adoptive du Christ, à ces ruines pleines de si doux souvenirs, et je me rembarquai dans le batelet juif, avec un sentiment de mélancolie indéfinissable. C'est que sur ces ruines brillait toujours le même soleil, cette image de l'éternité, ce contraste avec l'inconstance des choses humaines qui ne durent qu'un moment.

Je ne puis quitter les ruines de cette cité, que le Christ a maudite, à cause de son incrédulité, sans être ému de tristesse. Capharnaüm a eu vingt mille habitants, au temps de sa prospérité, et aujourd'hui c'est le désert. Il n'en reste pas pierre sur pierre.

Après la tentative de déicide faite par les Nazaréens, sur la personne du Christ méconnu, comme le raconte en peu de mots St. Luc, le seul des évangélistes qui ait rapporté la scène criminelle du précipice, il est constant que l'Homme-Dieu se retira à Capharnaüm, où, selon quelques interprètes, il exerça les humbles fonctions de rabbin, ou maître d'école. Comme il y habita jusqu'à l'époque de sa mission, saint Mathieu appelle cette cité la ville de Jésus.

« Jésus étant entré dans une barque repassa le lac et vint à la ville de Capharnaüm, où il demeurait. » (Ch. 19, v. 1.)

Les principaux miracles opérés à Capharnaüm sont : les guérisons du paralytique, de la belle-mère de St. Pierre, du serviteur du centenier, des possédés et de l'hémorrhoïsse; enfin la résurrection de la fille de Jaïre.

Ainsi cette cité a été une des plus favorisées par le Christ, et ses ruines sont respectées par les Musulmans comme par les Chrétiens, en mémoire du séjour qu'il y fit pendant sa vie mortelle. La voix de ces ruines me parlait au cœur et j'avais peine à m'éloigner de cette poussière d'une ville, consacrée par tant de prodiges divins, qu'admirent les Turcs même, ennemis des Chrétiens.

Le Coran, en effet, manifeste un grand respect pour le Christ, comme le prouvent les citations suivantes :

« Nous croyons à la doctrine de Moïse, de Jésus et des prophètes.

» Le seigneur a dit : Nous avons accordé à

Jésus, fils de Marie, la puissance des miracles. »
Coran, ch. 2.

Il était temps de partir; car, à peine rembarqués sur notre batelet, nous vîmes courir vers les ruines un gros d'Arabes d'El-Ghor. Avertis un peu tard de la venue d'un Franc, ils s'étaient armés aussitôt et venaient pour exiger un gaffar., car ils prétendent avoir des droits sur ces ruines, qui font partie du sol désert qu'ils occupent avec leurs troupeaux. Notre départ nous sauvait de leur rapacité, et pour les braver, le Chrétien de Tabariéh les injuria de loin, malgré le patron juif, peu rassuré à cause des suites fâcheuses que pouvait avoir plus tard cette folle bravade. Il est souvent en relation avec eux et est forcé de les ménager.

Ces Arabes d'El-Ghor portaient un vêtement bien pauvre. Une simple tunique ou blouse de coton blanc grossier, sale et déchirée, avec une ceinture noire en poil de chameau. Point de baba ou manteau; sur la tête un kéfié ou mouchoir lié autour du front avec une corde, et les pieds nus dans de mauvaises sandales. Ils avaient pour arme une longue lance avec un fer mal forgé. Cette lance est un long roseau des bords du Jourdain. Le chaik qui les dirigeait était pâle et maigre; sa barbe noire était longue, mais peu épaisse. Rien ne le distinguait des autres nomades qu'un candjar à manche de cuivre à la ceinture. Nous les laissâmes sur la rive crier et gesticuler en vain.

Nous étions venus à Capharnaüm, en traversant le lac; il nous restait à longer les rives pour retourner à Tibériade, et c'était par l'étude des principaux sites du pays de Génézareth que nous devions terminer notre excursion évangélique.

Nous étions en face du Kan-Minieh, à l'ouest des ruines. Cette station des caravanes indique, selon Danville, la place de l'antique bourg de Génézareth, qui a donné son nom au lac. Cette opinion du savant géographe me semble la plus probable. La fontaine de Capharnaüm, d'où s'écoule le petit ruisseau qui arrose Minieh, est bien conservée; c'est un ouvrage d'une haute antiquité.

C'est au Kan-Minieh qu'était assis au bureau des impôts Lévi, fils d'Alphée, lorsque Jésus vint l'appeler à l'apostolat. Docile à la divine parole, il devint l'apôtre St. Mathieu, dont l'Evangile, selon l'opinion probable, a été écrit en langue syriaque et en lettres hébraïques, vers l'an 41.

Selon la tradition admise par St. Ambroise, il alla prêcher la foi en Perse, où il souffrit le martyre, scellant de son sang son évangile.

Pendant que nous continuerons notre navigation, je dirai un mot du patron juif, qui ne s'entendait pas toujours avec le Chrétien de Tabariéh, peu tolérant.

Le patron juif était indigène et il n'était jamais sorti du pays. Il avait succédé à son père dans le métier de pêcheur, qu'il était le seul à exercer sur le lac, aussi poissonneux qu'autrefois. Mais les Turcs ne mangent guère de poissons et il n'y a pas de commerce à Tabariéh. Les principaux poissons du lac sont, outre celui dont j'ai parlé, le coracin (coracinus), dont parle Josèphe, et qui habitait aussi les lacs d'Egypte; le silurus, le vangil et le spare (sparus), qui se trouve aussi dans le lac d'Antioche. Ce dernier poisson, qui est très-commun dans la Méditerranée, a de vives couleurs rouges; il est de très-bon goût, et l'on en compte beaucoup d'espèces. Comme le fond du lac est sablonneux, on n'y pêche point d'anguilles; mais on y trouve des crabes. Le Chrétien de Tibériade était d'un caractère jovial, et lorsqu'il voulait se montrer facétieux, il y réussissait. Les Turcs et les Arabes étaient tour à tour l'objet de ses railleries; il se vengeait de la tyrannie des Osmanlis par la critique la plus bouffonne de leurs minutieuses prescriptions, de leur ignorance et de leur pélerinage de la Mecke. Mais c'est surtout des Arabes qu'il aimait à médire et il s'en donnait à cœur joie à l'occasion.

Il ne tarissait pas en anecdotes pour prouver la grossièreté et la crédulité des fils du désert, auxquels il en voulait à mort pour avoir été dépouillé une fois, dans un voyage qu'il avait fait à Damas.

« Un jour, nous disait-il, M. Rousseau, consul de France à Alep, avait invité un chaik arabe du Nedjed à venir le voir. Le chaik vint accompagné de son fils, à l'heure où le diner était servi sur une grande table. Voulez-vous diner avec nous, dit le consul au chaik, qui répondit: Taïb. Cette invitation faite, il sortit de la salle pour donner quelque ordre, laissant les deux Bédouins assis sur le divan. En revenant avec sa famille, il fut bien surpris de retrouver ses hôtes assis tous deux sur la table, les jambes croisées comme fait un tailleur sur son établi, et mangeant de tous les plats avec la main. Les Francs d'Alep n'ont point oublié cette scène comique.

» Après le pillage de la grande caravane de la Mecke, en 1757, par les tribus arabes, un chaik des Anazé, ayant eu pour sa part de butin des ballots de cachemires des Indes et des sacs de perles de Baharim, dans le golfe Persique, était embarrassé de ce qu'il en ferait, à son retour au camp, car il n'en connaissait pas la valeur. Après avoir fait couper les cachemires par les femmes, il en fit des voiles pour le harem et des kéfiés ou mouchoirs de tête pour ses cavaliers. Quant aux perles, comme il n'en avait jamais vu et qu'il les prenait pour une sorte de *doura*, il les fit longtemps bouillir dans sa marmite pour les ramollir. A la fin il s'écria: Voilà un légume bien dur! et il les jeta de dépit hors du camp comme des grains inutiles. Les perles y restèrent jusqu'à ce qu'un pauvre chrétien du Hauran, qui passait par le campement, les ayant vues par là, les ramassa à la hâte et vint les porter au bazar de Damas, où il les vendit à vil prix à un joaillier. Voilà, ajoutait-il, avec un air de supériorité, jusqu'à quel point les Bédouins poussent l'ignorance. Ils sont arriérés de plus d'un siècle au point de vue social et vivent encore sous leurs tentes comme du temps de Job. Pour les armes, ils en sont encore au long fusil à mèche d'amiante, et ils ne savent point tirer sans appuyer le canon sur un mur ou un rocher des gorges qu'ils défendent. En plaine, ils ne connaissent que la lance. Ce n'est pas comme les Francs, disait-il, en me regardant. L'année dernière j'ai vu débarquer, à Caïfa, l'état-major d'une corvette française. Ils ne portent plus des fusils à pierre, mais à capsule et ils ne manquent jamais le but où ils visent. C'est merveilleux. »

Je passe ici des choses trop triviales pour être rapportées, car le sel attique n'est pas à l'usage des indigènes de la Galilée. Il suffit de dire que mon interprète excitait malignement la verve du Chrétien, pour avoir l'occasion de rire, le Chrétien ayant un vrai talent de mime et imitant bien les personnages qu'il mettait en scène. Plus on l'encourageait, plus il s'animait : sa loquacité était intarissable.

VII.

BETHSAÏLE.

Nous reprîmes la rame avec plus d'ardeur et, après avoir cotoyé les bords du lac à l'ouest, nous allâmes aborder à la rive, auprès d'un village qui occupe la position de l'antique Bethsaïde, la patrie des trois apôtres Pierre, André et Philippe. Bethsaïde, ou la maison de la pêche, ne doit pas être confondue avec Julias, et cependant plusieurs géographes ont commis cette erreur. Les ruines d'une église consacrée à saint Pierre, les restes d'une vaste citerne attestent que le village actuel occupe bien la place de l'antique Bethsaïde.

Un village de fellahs musulmans, voilà tout ce qui indique la vie aujourd'hui dans ce pays de Génézareth, qui, selon Josèphe, s'étendait de Capharnaüm à Tibériade. C'est la partie des bords du lac la mieux arrosée et la plus ouverte à la brise du nord.

Le village de Bethsaïde est dans un site charmant, arrosé par un petit ruisseau, qui va se perdre dans le lac en fécondant la rive.

Le village m'a semblé assez propre et bien habité. Les villages de la Palestine ne sont pas horribles à voir comme les villages de l'Egypte, qui paraissent plutôt des repaires de chacals que des habitations humaines. Il y a ici moins de poussière et de décombres, moins d'immondices et de terriers de chien, mais c'est toujours la même incurie de l'hygiène. Si les villages de la Palestine n'ont pas la peste par insalubrité, c'est que la Syrie n'a pas les inondations du Nil, pour faire fermenter les amas d'ordures, infects débris de végétaux et d'animaux. Mais les fellahs n'ont aucune idée de l'hygiène, tant la propreté leur est inconnue. S'ils ont une santé florissante, une constitution robuste, c'est parce qu'ils vivent dans un climat sain et que leur pauvreté les empêche de se livrer à aucun excès.

Pour donner une idée de la saleté des villages de la Syrie, il suffit de dire que, lorsque des nuées de sauterelles s'abattent sur la fontaine ou sur la citerne d'un village, l'eau est bientôt comblée des cadavres de ces insectes fétides ; elle rougit comme du sang et devient pestilentielle. On n'en continue pas moins de venir s'approvisionner d'eau pour les usages domestiques, et personne ne songe à nettoyer la fontaine ou du moins à la débarrasser des sauterelles putréfiées qui la remplissent.

Mais détournant les yeux de l'état présent, c'est sur le passé évangélique que j'aime à arrêter ma pensée.

C'est sur les rives du lac, de Tibériade à Capharnaüm, que se sont passées la plupart des merveilleuses scènes de l'Evangile. Là saint Pierre marche sur les eaux pour atteindre Jésus ; là il quitte sa barque et ses filets pour devenir pêcheur d'hommes, et plus loin c'est la pêche miraculeuse. Enfin les rives comme les eaux du lac ont l'éloquence des souvenirs.

Je ferai ici une observation utile aux pélerins qui visitent la Terre-Sainte : c'est que, pour bien comprendre l'Evangile, dont la topographie sacrée est le meilleur commentaire, il faut avoir vu tour à tour Nazareth, le lac de Tibériade et Jérusalem. Chaque lieu explique un fait, et quand on a visité la Galilée et la Judée, on peut arriver à l'entente complète de l'histoire évangélique : ces contrées expliquent la lettre et l'esprit du nouveau Testament, car toute la vie du Christ est là.

C'est au nord de l'ancienne Tibériade, sur une rive fleurie que baignait une onde azurée, que le Christ appela saint Pierre à l'apostolat. C'est là qu'après sa résurrection Jésus apparut à saint Pierre revenu à ses filets, et lui dit trois fois : Paissez mes brebis. Le don de l'apostolat suprême lui fut accordé dans le même lieu où son nom de Simon avait été changé en celui de Céphas ou Pierre. Le premier des apôtres tour à tour zélé et timide, fort et faible, se montre alternativement homme et héros, jusqu'à ce que la grâce triomphe enfin de cette nature ardente et grossière.

C'est ici le pays de Génézareth, et le lac en a pris son nom. Selon les auteurs bibliques, le pays de Génézareth est situé au-dessus de Tibériade, au nord-ouest ; il comprend les bords du lac, et les vallons d'alentour. C'est la plus belle partie de la Galilée et la plus variée ; Bethsaïde et Magédon ou Magalon en sont les points les plus importants. Selon d'autres auteurs, cette région s'étend de Capharnaüm à Tibériade. Quelle que soit son extension, le pays de Génézareth forme un contraste avec les bords du lac à l'est, où tout est sauvage et stérile. C'est là le désert vis-à-vis de l'Eden.

Saint Jacques le Majeur et saint Jean, fils de Zébédée, étaient nés à Bethsaïde, comme saint Pierre et saint André. Les deux frères semblaient personnifier la belle image du prophète Isaïe, où l'on voit vivre ensemble un lion et un agneau. Saint Jacques était un homme fougueux ; saint Jean au contraire était d'une douceur angélique. Les trois apôtres de Bethsaïde assistèrent à la transfiguration sur le Thabor et à l'agonie de Gethsémani. Saint Jacques évangélisa l'Espagne et revint à Jérusalem, où il fut le premier martyr parmi les apôtres. Ses reliques, transportées à Compostelle, sont encore un but de pèlerinage.

L'apôtre Philippe était aussi de Bethsaïde. Étant allé prêcher la foi dans la Phrygie, il y souffrit le martyre. Son principal disciple fut saint Polycarpe, premier évêque de Smyrne.

Mais parlons de saint Pierre, le premier des apôtres, avec un peu plus de détail. Saint Pierre avait été amené à Jésus par son frère André, appelé le premier des apôtres, pour avoir été élu avant tous les autres. Disciple de saint Jean, qu'il avait quitté pour suivre le Christ, on sait par la tradition, qu'après la résurrection, il alla prêcher la foi en Grèce et fut crucifié à Patras, sous Domitien, comme son frère l'avait été à Rome, sous Néron.

Après avoir présidé l'église de Jérusalem, saint Pierre alla fonder le patriarchat d'Antioche, d'où il passa à Rome, où il établit la papauté, et occupa pendant 25 ans le siége pontifical. Comme j'ai vu à Jérusalem sa prison changée en église, j'ai vu à Rome la Mamertini, où il fut captif avant d'aller mourir sur le Janicule. Les successeurs du prince des apôtres gardent encore, après dix-huit cents ans, l'autorité paternelle qu'il leur a léguée ; et chose prodigieuse ! c'est en vain que l'hérésie et l'impiété l'ont attaquée ; elle est restée immuable. La dictature morale des papes a été un grand bienfait pour le moyen âge ; elle a constitué l'ordre moral au milieu de la barbarie. Dans les temps modernes, l'amoindrissement du pouvoir papal a été un mal pour le monde et depuis lors les passions se sont déchaînées avec plus de fureur. On peut dire de la papauté qu'elle est la pierre angulaire de l'édifice social. En ébranlant cette pierre, les passions en compromettent la solidité. Mais l'Église est éternelle, et comme la barque du Christ sur le lac pendant la tempête, elle peut être agitée par l'orage ; mais un naufrage est impossible avec celui qui commande aux vents et aux flots et à qui les vents et les flots obéissent.

Comment se fait-il que presque tout l'Orient se soit séparé au moyen-âge de la chaire de saint Pierre ? Tel est l'effet des passions politiques, de l'ignorance des mœurs et des préjugés populaires. Quelques mots en fournissent la démonstration. Dans la primitive Église, les Grecs et les Latins ne différaient que par la langue. Le pape, établi à Rome, avait constitué pour l'Orient deux patriarches, l'un à Antioche l'autre à Alexandrie. « Les trois patriarches, dit saint Grégoire-le-Grand dans une épître, sont assis dans une seule et même chaire apostolique ; mais la supériorité appartient au successeur de saint Pierre. » Ainsi l'unité n'était nullement éteinte par cette division hiérarchique. La fondation de Constantinople amena la création d'un patriarchat nouveau, et cette capitale était, depuis la chute de l'empire d'Occident, la nouvelle Rome : les patriarches prétendaient avoir le pas sur ceux d'Antioche et d'Alexandrie. Déjà, en 381, un concile d'Orient leur avait reconnu le droit d'occuper le second rang, et le pape avait réclamé en vain. Cette primauté d'honneur abusive a été le point de départ de la rivalité entre les deux Églises Grecque et Latine. Pour monter du second rang au premier, il n'y avait qu'un pas, et Photius le fit en 861. Non-seulement il repoussa la suprématie de Rome, mais il l'attribua à Constantinople, comme unique siége de l'empire. Toutefois ce ne fut qu'en 1054, que Michel Cérulaire consomma le schisme, sous les plus frivoles ou les plus ridicules prétextes. Bien plus, l'église Russe a été entraînée dans la même erreur, et enfin en 1721, le czar Pierre, supprimant les fonctions de patriarche, se proclama lui-même le chef de l'Église Russe. De nos jours, l'église du nouveau royaume grec s'est déclarée indépendante en 1855. Le Czar a manifesté la prétention de s'égaler au patriarche de Constantinople :

Je ceignis la tiare et marchai son égal.

RACINE.

Si un jour l'empire turc est en grande partie absorbé par l'immense puissance des Russes, le patriarche de Constantinople subira la loi du talion ; juste retour que ménage à l'orgueil grec la Providence divine. Alors le Pape impérial dominera l'Orient avili et se proclamera le souverain pontife des Chrétiens orientaux. Antagonisme plus politique que chrétien et qui effraierait l'Occident catholique, si le siége de Rome n'avait pas pour appui la parole même de J.-C.

Espérons, au contraire, que l'industrie a ouvert l'Orient aux idées en même temps qu'au commerce. L'action savante de l'Europe sur l'Asie amènera un retour vers l'unité. C'est surtout au profit de la vérité catholique que les bateaux à vapeur et les chemins de fer réunissent l'Occident à l'Orient. L'industrie est un instrument providentiel, et Dieu emploie les hommes, même à leur insu, à l'exécution mystérieuse de ses admirables desseins.

L'homme s'agite et Dieu le mène. Ah ! cet heureux retour des Grecs à l'unité, que nous pouvons espérer avec confiance, serait une consolante compensation de la triste défection qui se manifeste en Occident, au milieu d'une anarchie morale qui nous dévore. Rien n'en peut arrêter les désastreux effets, qu'une régénération sociale par la foi et la charité.

VIII.

RETOUR A TABARIÉH.

Après avoir côtoyé les hauteurs de Magedon, et la masse des rochers abruptes, dont l'aspect varie de couleur selon les diverses heures du jour, les deux chrétiens me firent voir le rocher qui indique aux pélerins le lieu même où se fit la pêche miraculeuse.

Les pêcheurs étaient les trois apôtres Simon-Pierre, Jacques et Jean.

V. 5. Jésus entra dans une de ces barques, qui était à Simon, et le pria de s'éloigner un peu de la terre.

4. Il dit à Simon : Avancez en pleine eau et jetez vos filets pour pêcher.

6. Les ayant jetés, ils prirent tant de poissons que leur filet se rompit.	(*St. Luc. ch.* 5.)

Telle fut la vocation de trois apôtres, auxquels le Christ dit : Votre emploi sera désormais de prendre les hommes.

Né sur le bord de l'Océan, habitué à la vue des bateaux de pêche, qui reviennent de la rade au port, chargés de poissons de toute espèce, ce récit de l'Evangile me ramenait doucement aux souvenirs du pays natal, et il y avait dans ma mémoire la fusion d'une double scène. La pêche des Apôtres et celle des pauvres pêcheurs bretons en se mêlant ainsi produisaient une double image. La foi et l'amour de la patrie m'élevaient en songe, en charmant ma pensée confuse, vers l'idée vague de l'infini, ce terme lointain, où aboutit ici-bas tout sentiment d'un noble cœur. Que dis-je, il suffit d'avoir sous les yeux un peu d'eau, où se peint l'azur céleste, pour s'élever jusqu'à l'idéal.

Après cette navigation sur le lac, à mesure que nous revenions vers Tabariéh, la nappe d'eau, frappée par le soleil couchant, me rappelait l'Océan dont il était une si paisible image. Que de fois j'avais vogué sur l'abîme des flots, heureux d'aspirer l'espace et fasciné par l'idée de la double immensité des eaux et du ciel. L'eau a toujours été pour moi une occasion de plaisir intellectuel. A défaut de l'Océan, qui manquait à mon âme, quand je me suis vu renfermé dans des sites étroits et bornés de toutes parts, une rivière, un ruisseau, un étang, une source, un filet d'eau me charmaient par l'attrait divin. Voir couler l'eau a toujours été pour moi, pauvre rêveur, une joie d'imagination. Mais ici le lac remplaçait facilement la grandeur des ondes et de l'espace par l'abondance de la lumière et la sublimité des souvenirs. Si l'infini matériel manquait à la pensée, l'infini spirituel y suppléait, et la présence divine du Christ dans le souffle des airs, dans le murmure des flots, dans l'éclat des rayons, dans la couleur, en un mot dans tout ce qui m'environnait ; tout m'offrait sa trace terrestre ; tout était divinisé par les souvenirs de l'Evangile.

Le lac appartient tout à la fois à l'ancien et au nouveau Testament ; mais les souvenirs des prophètes et des patriarches s'effacent devant l'image du Christ, dont les pas sont vivants sur la surface des eaux et sur les fleurs de la rive. La partie occidentale surtout, qui est la droite, considérée par rapport au cours du Jourdain, est la plus chargée de miracles, et c'est là que nous allons nous reposer un moment au milieu des souvenirs de l'Homme-Dieu. Nous abordâmes un peu au-delà du rocher, dans une anse verdoyante, ombragée par des orangers, et nous nous reposâmes sous leurs rameaux. La fraîcheur des eaux nous invitait à y entrer ; je pris un bain d'une demi-heure pendant que le patron et les deux chrétiens se reposaient sur la rive. L'historien Josèphe raconte que cette eau exposée au soleil ne s'échauffe qu'avec beaucoup de lenteur. Je n'ai pas eu l'occasion de vérifier ce fait ; mais l'expérience en serait curieuse pour un physicien. Bientôt après nous reprîmes la rame et nous nous aperçûmes qu'en cet endroit le lac était peu profond ; il ne le devient qu'en approchant de Tabariéh. Le fils du patron se mit à l'eau jusqu'à la ceinture, sur la grève, pour tirer le batelet, et nous longeâmes ainsi la rive. C'est ici que s'abaisse la dernière chaîne, dont la montagne des Béatitudes est le point culminant ; pour l'apercevoir du lac même, il faudrait être placé près du cours du Jourdain, qui le traverse ; ici elle est cachée par les hauteurs environnantes. Nous longeâmes lentement les tombeaux du cimetière juif. Un convoi funèbre parut alors, conduit par un rabbin et suivi des parents et des amis éplorés. Arrêtant la rame un moment, nous pûmes voir la pompe de la triste cérémonie.

« Le mort est un Juif allemand, qui mourut hier de la peste, me dit le patron ; il est venu d'Europe pour s'endormir dans la terre de ses aïeux. Pourquoi le plaindre ? c'est ici le plus beau lieu de repos ; car Dieu a préféré cette terre à toute autre. Telle est la croyance des Juifs. Heureux donc celui qui repose sur cette rive. Ah ! sans doute les Juifs d'Europe envient cette fin paisible du Juif allemand. »

Les voyageurs de l'Occident redoutent beaucoup la peste ; mais il faut s'attendre à la rencontrer tôt ou tard en Orient, pour peu qu'on mette le pied dans l'intérieur de la Syrie. A mon arrivée à Jérusalem, la peste s'éteignait peu à peu ; mais elle y avait fait de grands ravages, ayant enlevé six mille âmes, plus du quart de la population.

A mon arrivée à St-Jean-d'Acre, je l'avais rencontrée, et maintenant à Tabariéh, quelques cas isolés m'avertissent de la présence de ce fléau. Heureusement qu'il n'y avait pas lieu de s'en préoccuper, car il n'avait point sévi dans la Galilée, et il ne s'y montrait que par accident.

La lugubre cérémonie n'était pas encore achevée que nous touchions les tours de l'enceinte : il était cinq heures du soir.

Nous rentrâmes sans accident dans le petit port du Ghetto et je regagnai la cour de l'ancienne église, où le moine franciscain m'attendait pour dîner avec le Papas ou prêtre grec. Ce prêtre nous avait remis les clefs de son sanctuaire avec beaucoup d'obligeance, et il venait de temps en temps nous faire une visite d'amitié et causer de l'Europe et de la Grèce, en maudissant les Turcs.

Les Rayas grecs de la Syrie sont un peu moins asservis que les Juifs. Plus heureux que la race de Juda, à cause de l'appui de l'Europe, qui travaille à leur émancipation, ils virent leur nationalité renaître de sa cendre comme le phénix antique. Mais ici, combien les Grecs avilis par le servage ont dégénéré de leurs héroïques aïeux ! ils ont oublié leur langue et n'entendent plus les harmonies du poète ionien. Le Papas, qui dessert l'église chrétienne, n'entend bien que l'Arabe ; il lit le grec littéral, mais il ne l'entend guère. Il a pourtant le beau profil des statues de Phidias et il appartient à cette race si vive et si artiste ; mais le feu divin s'est éteint sous le poids des ténèbres. On comprend cependant en causant familièrement avec lui, combien il a le sentiment de la nationalité hellénique. Il me parla de Navarin ; il voit avec bonheur l'affranchissement de la Morée, sa mère patrie.

Combien il semblait reconnaissant envers France de ce qu'elle avait rétabli la Grè dans l'indépendance ! Il avait peu de confian dans l'intervention de l'Angleterre et de Russie ; mais il exaltait la magnanimité de France, dont il ne prononçait le nom qu'av respect. Ce témoignage du Papas était doux mon cœur, d'autant plus qu'il était méri

Quelles que soient les vicissitudes d'un pe ple, les traditions se perpétuent et le nom se de la vielle patrie émeut encore d'un do frémissement le Grec de Syrie, qui envie vain le sort de ses frères du Péloponèse. l'aspect de ce réveil prodigieux, il oublie tr siècles d'esclavage ; il relève le front qua son cou est encore sous le tranchant du cim terre ottoman.

La Grèce ne pouvait pas mourir ; car, comm la race de David, ce dernier débris de gloi et de miracle, elle a sa vie dans un passé do l'éclat est éternel.

Ce nom de patrie prononcé si souvent à T bériade par ce pauvre Papas grec, me rappel aux souvenirs de la France. Plus on est lo de son pays natal, plus on a de regrets, et l' répète ce vers chevaleresque :

Plus je vis d'étrangers, plus j'aimai ma patri
Dubelloi.

C'est par ce souvenir littéraire, qui me ra pèlle la France à mille lieues de distance, q j'aime à clore avec mélancolie ces études éva géliques.

Fin de la Course de Tibériade à Capharnaüm.

VOYAGE EN ORIENT.

UNE SEMAINE A TABARIÉH.

L'HOSPITALITÉ.

Un gîte et le couvert, que faut-il davantage?
LAFONTAINE.

Après avoir séjourné à Nazareth, je résolus d'aller visiter Tibériade et les ruines des villes antiques qui bordent le lac. Ayant rencontré, dans le couvent latin que j'habitais, deux pèlerins allemands et un officier italien nommé signor Joseph, je leur fis part de mes projets d'exploration. Ils s'adjoignirent à moi pour cette excursion religieuse et scientifique.

Nous partîmes tous les quatre avant le jour, accompagnés d'un guide de Nazareth. Après avoir gravi la cime du mont Thabor et traversé le bazar qui se tient tous les lundis au pied de la montagne évangélique, nous atteignîmes, après quatre heures de marche, les bords du Jourdain. Nous fîmes une halte sous l'arche ruinée du pont romain, qui établissait autrefois les communications entre la Galilée et la Décapole, et ensuite nous nous dirigeâmes vers la ville moderne de Tabariéh qui remplace l'antique cité du tétrarque Hérode Antipas. Sur les rives du lac nous rencontrâmes l'aga de Tabariéh, qui allait, à la tête de ses cavaliers, lever l'impôt dans la vallée du Jourdain. A mesure que nous nous rapprochions, en suivant les bords du lac, de la petite ville moderne, ses murailles, ses tours, les minarets des mosquées se dessinaient plus clairement dans le bassin limpide, au sein de l'ombre à demi-lumineuse que projetaient les hauteurs de l'occident, à l'heure où le soleil descendait vers l'horizon. Que ce lac évangélique est admirable, à cause de la variété des effets de lumière au milieu de la monotonie du paysage, privé de bois verdoyants et de l'inconstante mobilité des plages vivifiées par la richesse des cultures et l'aspect des villages et des villes répandus sur les coteaux d'alentour !

A 5 heures, nous arrivâmes à la porte de la ville, à l'ouest, et je présentai au gardien la *Biourdi* du *Mutselim* de Nazareth. C'était un renégat russe qui, sachant que j'étais Français, s'était empressé de me donner cet ordre pour Tibériade. Il n'y eut pas de baguechiche à donner et la porte nous fut ouverte.

Le procureur du couvent latin m'avait donné une lettre de recommandation pour l'écrivain de l'aga, et le guide nous conduisit à sa maison, à droite du Ghetto. Il nous accueillit avec empressement et nous offrit l'hospitalité.

C'était un bon vieillard maronite, ayant à sa ceinture l'écritoire, emblème de sa profession. Il se nommait Saba et avait l'air vénérable. En nous faisant les honneurs de sa maison neuve, je la dois, nous dit-il, à la Terre-Sainte; aussi par reconnaissance, je suis l'hôte des pèlerins. Aussitôt que nous fûmes installés dans la salle qui composait toute la maison, car elle n'avait qu'un étage entre une petite cour et un petit jardin, sa jeune femme se mit à préparer un copieux repas. On envoya chercher du vin au Ghetto, et, en attendant que le pilau fût prêt, on nous présenta des pipes turques et du tabac des montagnes de Tyr. Outre la femme du vieillard qui allaitait son enfant, il y avait dans la maison la femme de son fils aîné, âgée de 16 ans à peine, et dont le mariage était tout récent. Pour faire honneur aux franghis, ces deux femmes se parèrent de leurs plus beaux atours; et quand un serviteur eut placé les mets, non sur une table, mais sur une natte, à terre, elles parurent toutes deux avec des aiguières de cuivre et du savon de Jaffa ; l'une nous versait l'eau pour laver nos mains, l'autre nous présentait la serviette de coton pour les essuyer.

Nous nous assîmes à terre et on nous servit un énorme pilau de riz et de mouton au safran et aux épices. Il était risible de voir les deux maronites, le père et le fils, essayer, pour se conformer à l'usage franc, de se servir de fourchettes. On avait préparé différents mets levantins, entre autres des brochettes de viande rôtie et des concombres remplis de hachis de mouton. Tout était bon dans ce festin oriental, excepté le vin que font les Juifs et qui a un goût désagréable de térébenthine. Les femmes se tenaient debout et nous regardaient en silence. On nous interrogea sur l'Occident ; et comme il se trouvait que nous étions là un Espagnol, un Italien, deux Allemands et un Français, on ne pouvait comprendre cette variété de nation et de langue que par la comparaison avec la Syrie, où il y a des Grecs, des Syriens, des Arabes, des Maronites, des Druses, etc. Enfin vous êtes tous Francs, nous disait-on.

Il nous vint, après le repas, plusieurs visiteurs indigènes, pour savoir des nouvelles de Saint-Jean-d'Acre et de Nazareth ; car plusieurs faux bruits couraient, et les communications sont limitées. On se fit des compliments mutuels, et notre arrivée fut un événement dans ce petit pays, qui est pour la Galilée le bout du monde.

La femme du vieillard, qui était de Tabariéh, portait à peu près le costume des femmes de Nazareth. Mais la belle-fille, qui était de Safad, portait le costume de Safad, analogue à l'ancien costume juif et que je voyais pour la première fois. Sa tunique ou robe était rayée, ouverte sur la poitrine et ne dépassait pas les genoux. Elle portait par dessous un pantalon, comme les petites filles de Paris. Des sonnettes ou grelots suspendus au bas de sa robe tintaient dès qu'elle faisait un pas et avertissaient de sa présence au moindre mouvement. Sa longue chevelure noire était tressée avec art et couvrait ses épaules. Chaque tresse se terminaient par un ruban et une pièce de monnaie turque. Des bracelets d'argent ornaient ses bras à demi-nus; sa chaussure était de babouches brodées. Elle n'avait point de voile, parce qu'on le réserve pour les sorties. Enfin tout le *modus muliebris*, dont parlent les auteurs orientaux, embellissait encore cette jeune safadienne, que semblait rendre plus gracieuse, plus charmante encore l'étrangeté de son costume et l'air d'étonnement naïf avec lequel elle nous regardait. A chaque mouvement, c'était un tintement argentin, et elle me rappelait avec ces petits bruits, l'idée qu'on se fait, en lisant la Bible, du costume du grand-prêtre des Juifs dans ses fonctions, au milieu du temple de Jérusalem (*Exode*, ch. 59, verset 20-24).

La nuit étant venue, une lampe de cuivre fut allumée; et, quand les visiteurs furent partis, on s'établit sur des couvertures dans la salle commune, pour y dormir en paix, la porte et la fenêtre ouvertes. Quant à la famille maronite, qui nous avait cédé la place, elle s'établit toute entière à la belle étoile, dans la cour, devant la maison, sur des tapis doublés. Comme on se couche tout habillé, se contentant d'ôter les cesses des turbans et les ceintures des robes longues, il est aisé de passer les nuits en plein air, soit sur les terrasses, soit dans les cours des maisons.

L'hospitalité antique existe toujours en Orient; par malheur, elle a bien dégénéré. Mais un voyageur franc est heureux d'en retrouver, comme ici à Tabariéh, l'usage biblique. Ce n'est pas l'intérêt qui peut engager un indigène à l'exercer aussi noblement, puisqu'il n'est pas probable qu'il reverra deux fois le même hôte: s'il n'a rien à attendre d'un voyageur qui passe, c'est donc uniquement la générosité du cœur qui le porte à traiter ainsi un étranger. La source de l'hospitalité est donc dans le sentiment religieux. Détruisez la foi en Orient, et vous supprimerez du même coup l'héritage des vertus patriarcales. L'hospitalité est l'exercice de la charité chrétienne.

II.

LES JUIFS.

La race juive, toujours caractérisée par son originalité en Europe comme en Asie, avait déjà été plusieurs fois l'objet de mes études ethnographiques. A Rome d'abord j'avais visité avec curiosité le Ghetto, placé de toute antiquité sur la rive gauche du Tibre et enfermé de murs, comme au moyen-âge; j'avais vu le cimetière des descendants d'Israël sur les flancs de l'Aventin, au-delà du grand Cirque. A Jérusalem ensuite j'avais visité avec une impuissante pitié le quartier juif, placé à l'ouest de l'enceinte du Temple, au milieu d'immenses ruines, et j'avais suivi de là jusqu'à la vallée de Josaphat un convoi funèbre; c'était un Juif de Livourne, venu pour mourir dans la sainte cité et qui avait pu jouir, après une longue patience, du repos des morts, aux pieds des prophètes et des saints de l'ancien testament, dans le sein de cette terre qui est toujours pour ce peuple proscrit la patrie, le sol sacré des aïeux. Maintenant, à Tabariéh, je désirais visiter le Ghetto, aujourd'hui dépeuplé, mais qui vit au moyen-âge le dernier reflet de la nationalité juive.

Le lendemain de notre arrivée à Tabariéh, nous allâmes donc dès le matin faire une visite au Ghetto; les deux Allemands et le signor Joseph, qui ne voulaient point séjourner, désiraient voir, comme moi, avant de partir, les deux synagogues et la bibliothèque. On sait que les trois plus célèbres asiles juifs de la Terre-Sainte sont Jérusalem, Safad et Tibériade, où existait au moyen-âge une école fameuse. Nous fûmes reçus par un Rabbin, qui nous conduisit tour-à-tour dans les deux synagogues, l'une indigène, l'autre allemande. C'étaient deux grandes salles, avec une galerie pour les femmes, mais sans ornement. On remarque, le jour du sabbat, le contraste qu'offrent entre eux les Juifs allemands, qui chantent la Bible en s'agitant sans cesse, et les Juifs syriens, dont la contenance est grave et modeste.

Le Rabbin nous fit voir l'école des enfants; mais ce qui fixa mon attention, ce fut la vue de la bibliothèque, célèbre dans toute la Syrie; elle contient des manuscrits et des livres curieux en syriaque, hébreu, arabe. Nous remarquâmes environ trois mille volumes, ce qui étonne quand on songe que Tibériade est une petite ville perdue; mais il faut se rappeler ce qu'elle fut au moyen-âge; alors elle était lettrée et son école florissait. Je n'avais pas le loisir d'examiner en détail cette bibliothèque; mais il me semble, d'après un examen superficiel, qu'un hébraïsant y trouverait des trésors et peut-être des ressources inconnues.

On me fit remarquer dans cette bibliothèque, composée de deux salles au premier étage, la fenêtre qui avait vue sur le lac et où un juif se tient toujours en vigie, en attendant le rédempteur promis à son peuple. D'après une tradition immémoriale, les Juifs sont persuadés que le Messie doit venir de Capharnaüm, s'embarquer sur une nacelle, paraître tout-à-coup au milieu du lac et débarquer au milieu d'eux, à Tibériade. Voilà, pourquoi les Juifs font le guet avec tant de persévérance : ils espèrent, et l'espérance est immortelle.

Les Juifs allemands et indigènes qui peuplent le Ghetto ne sont pas toujours d'accord ; car ceux-ci regardent leurs frères d'Occident comme moins purs. Livrés à des préjugés et à des superstitions, les juifs d'Orient croient les juifs d'Occident souillés par leur long séjour en Europe et leur contact continuel avec les chrétiens. D'ailleurs, les Juifs sont divisés en deux sectes, qui sont ennemies jurées. Quand il s'élève une querelle, les Israélites se gardent bien d'aller devant le cadi turc, qui profiterait de l'occasion pour extorquer de l'argent aux descendants de Juda; c'est pourquoi on ne voit jamais les Juifs devant le tribunal turc ; ils portent le différend, quel qu'il soit, devant le Kankam ou juge de leur propre nation. De tous temps ils ont conservé une sorte de gouvernement intérieur. Ce droit, s'il n'est pas reconnu légalement, est du moins toléré par les Turcs comme un antique usage, et toutes les anciennes traditions sont respectées des Osmanlis. Ce privilége, dont on leur dispute de temps en temps l'usage, pour avoir un prétexte d'extorsion, voilà tout ce qui leur reste de leur nationalité.

En sortant de la bibliothèque, nous rencontrâmes un des principaux juifs allemands, qui parlait italien ; il nous fit entrer dans sa maison, dont il était fier, car il avait une chambre meublée à l'européenne : elle était au premier étage et on y montait par un escalier de pierres placé au dehors. On voit que le Ghetto a quelque air de nos petites villes de province avant la renaissance. « Le lit que vous voyez, nous dit-il, est le seul qui existe de Jérusalem à Damas : c'était un lit à colonnes rouges, comme on en voit tant dans nos villages ; mais on l'enviait, car tout le monde ici couche sur des nattes d'Egypte. » L'armoire et la table étaient de bois de noyer : quelques chaises et un bahut complétaient l'ameublement. Ce Juif, qui remplissait les fonctions de Kankam ou juge de paix dans le Ghetto, était marié à une indigène d'origine allemande. Il nous présenta sa jeune femme et je voulus échanger quelques paroles avec elle; mais elle ne savait que l'allemand et un peu d'arabe ; les deux pélerins seuls se trouvaient en pays de connaissance. Les Juifs venus d'Allemagne ont conservé quelques usages d'Europe ; les femmes portent le costume des bords du Rhin et un petit béguin, qui leur donne un air de religieuse. Cette juive n'était pas belle; mais elle avait de la grâce et beaucoup de candeur. Le mari nous raconta qu'il désirait depuis longtemps retourner en Europe, mais que sa femme s'y refusait. C'est là qu'on est vraiment libre, disait-il; on peut porter publiquement un sac d'argent sans être exposé à une avanie. Néanmoins il ne pouvait la persuader de quitter la terre des aïeux, et comme elle ne consentait pas à sortir de la ville où elle était née, effrayée des dangers de la mer et de l'incertitude d'un long voyage, il se résignait à habiter Tibériade, afin de lui faire plaisir, car il l'aimait de tout son cœur.

Le quartier juif est clos et distinct du reste de la ville; la porte en est fermée avec soin tous les soirs. De même que le Ghetto de Rome est baigné par le Tibre, celui de Tibériade est baigné par les flots du lac, et dans les deux quartiers c'est la même saleté, la même incurie. Enfin le quartier juif de Tibériade représente en petit celui de Rome.

Dans le quartier turc, on ne voit tout le jour que des femmes assises sur des nattes, soit dans les cours, soit dans les jardins. Elles sont entourées de leurs esclaves et passent des heures entières à fumer le narghilé. L'étranger qui passe, et qui les regarde par dessus les petits murs de clôture, est exposé à toutes sortes d'inconvénients, dont le moindre est celui d'être accablé d'injures. Quand je voulais me promener dans la ville sans être molesté, j'allais dans le Ghetto, où je retrouvais quelque chose de l'Europe. Là on ne s'effrayait ni de mon costume franc, ni de mon chapeau, et je pouvais sans indiscrétion aller m'asseoir sur les degrés des escaliers de pierre. De là j'aimais à contempler le bassin du lac et l'horizon des montagnes opposées. Des enfants juifs venaient souvent jouer sur la rive, et leurs jeux innocents étaient pour moi une distraction.

Il semble que la Terre-Sainte soit le rendez-vous de tous les Juifs de l'univers ; l'amour de la patrie est si puissant, qu'on voit de temps en temps arriver d'Europe des colonies juives.

Quand une famille a gagné de quoi vivre en Pologne, en Saxe ou en Prusse, elle émigre, vient s'établir en Syrie, soit à Tibériade, soit à Safad. Les Juifs de Safad ont un agent européen qui les protége ; les Juifs de Tibériade n'ont pas le même avantage ; mais ils peuvent réclamer auprès du vice-consul à St-Jean-d'Acre. La Terre-Sainte possède les ossements des ancêtres et les souvenirs du passé ; voilà pourquoi on fait de généreux sacrifices pour venir l'habiter. Il semble à cette nation que Moïse a endurcie au milieu des rochers de l'Oreb et du Sinaï, que le temps ne soit rien; elle s'est pétrifiée sous le joug de tous les peuples qui l'ont asservie, et deux mille ans n'ont rien changé ni à sa foi ni à ses habitudes. Dans son effroyable abaissement, elle adore Jéhovah, comme elle l'adorait dans sa gloire nationale ; elle prend pour mesure de ses espérances toujours déçues, non le temps, mais l'éternité.

Curieux de visiter les bords du lac, je m'étais informé s'il était possible de fréter une barque ; on m'apprit dans le Ghetto qu'un pêcheur juif possédait le seul bateau qui se trouvât à Tibériade. L'ayant fait venir sur-le-champ, je traitai avec lui pour avoir du poisson du lac le soir même et pour faire le lendemain une course à Capharnaüm. Il me promit qu'à l'heure du dîner le poisson me serait apporté, et que nous partirions au point du jour pour aller visiter les ruines. On verra plus tard que cette promesse fut réalisée.

Il paraît que la pêche n'est pas lucrative, quoique le lac soit très-poissonneux ; les habitants font peu de cas du poisson: car, ayant témoigné le désir d'en manger d'une espèce particulière au lac et qu'on nomme poisson de la passion, le pêcheur voulut, avant de donner le coup de filet, convenir du prix et de la quantité, tant il était assuré d'avance de faire une heureuse pêche. Cette manière de vendre la peau de l'ours avant de l'avoir tué est une preuve évidente de l'abondance du poisson. On ne jette le filet qu'à coup sûr, ce qui prouve que dans la Syrie on ne se donne de la peine qu'avec la la certitude d'un gain avantageux. Du temps du Christ, il y avait un grand nombre de pêcheurs, comme on le voit par l'évangile; mais aujourd'hui les Turcs et les Juifs sont loin d'être des ictyophages.

Le poisson de la passion, que m'apporta le pêcheur, est ainsi nommé par les chrétiens parce que les ossements de la tête offrent tous les instruments qui servirent au crucifiement du Christ, savoir : les clous, la tenaille, le marteau, le fer de la lance, même la croix, etc. Cette singularité l'a mis en honneur auprès des moines et des pélerins; mais parmi nos poissons de France il s'en trouve plusieurs dont la tête présente la même analogie.

Après avoir visité le Ghetto, nous revînmes à la maison de l'écrivain maronite ; le signor Joseph et les deux Allemands étant partis à midi, pour retourner à Nazareth, je restai seul sur les bords du lac pour y continuer mes études locales.

III.

TABARIÉH.

La ville moderne de Tibériade ou Tabariéh, comme l'appellent les indigènes, occupe seulement une partie de l'emplacement de l'ancienne cité. Elle est entourée de toutes parts, excepté du coté de la mer, par une muraille en basalte, épaisse et solidement construite, haute de vingt pieds, avec un parapet, mais qui n'est point armée de canons. On y a pratiqué des meurtrières, et elle est flanquée de vingt tours rondes. Ces tours ont au premier coup-d'œil un aspect imposant ; mais un examen plus attentif ne tarde pas à en faire reconnaître l'insignifiance. Toutefois, on regarde cette ville comme capable de résister à tout assaut qui serait livré par des soldats syriens. Au nord de la cité, sur une éminence qui la domine, sont les ruines de la citadelle, détruite, il y a quelques années, par un tremblement de terre,

qui renversa également la plupart des maisons de la ville. La moitié de l'enceinte renfermée dans les murs est encore aujourd'hui vide de maisons ou de bâtiments quelconques. Dans le bas de la ville, au bord du lac, est une petite chapelle qui, d'après la tradition, occupe l'emplacement de la demeure de Simon, fils de Jonas (l'apôtre saint Pierre), et où il exerçait l'humble profession de pêcheur, ignorant encore la glorieuse destinée qui l'attendait. C'est un bâtiment de forme oblongue, voûté et dans chaque côté duquel on a percé deux petites croisées pour recevoir la lumière extérieure. Il sert généralement de kan pour les voyageurs qui n'ont pas d'autre endroit où ils puissent loger dans la ville. Tout près de là étaient quelques pêcheurs, qui retiraient leurs filets du lac ; le poisson qu'ils prirent était de la grosseur de la perche et lui ressemblait beaucoup. Nul doute qu'il n'en existe de plusieurs autres espèces dans le lac, où ils vivent bien paisiblement. — Ici, comme partout ailleurs en Orient, les Juifs habitent un quartier séparé. Il se trouve presque au centre de la ville, tel que nous l'avons décrit.

Tabariéh est peut-être la ville la plus triste de toute la Syrie. Les Bédouins d'el-Ghor, au sud du lac, et les habitants du canton de Safad, au nord, sont les seuls avec lesquels elle fasse quelque commerce. Les caravanes qui vont d'Acre à Damas s'y arrêtent de temps en temps; malgré cela, les bazars paraissaient déserts, et la moitié des boutiques étaient fermées, faute d'acheteurs. Si ce n'était la foi des Juifs, l'ancienne métropole de la Galilée serait vraisemblablement abandonnée depuis longtemps, à cause de l'insalubrité de sa situation, environnée comme elle l'est de montagnes rocailleuses, qui ne laissent pas un libre passage au vent d'ouest (vent qui règne dans toute la Syrie pendant l'été), et qui concentrent la chaleur à un degré quelquefois insupportable. Les fièvres intermittentes y sont très-communes.

Dans le dernier siècle, le cheik Daher rétablit les murailles de la ville, et reconstruisit le château renversé par un tremblement de terre. Daher employa à ces réparations les pierres des monuments de l'antique cité. Lorsque Daher y faisait travailler par corvées, le docteur Pockoke, qui passa à Tabariéh, y vit les habitants et les fellahs employés à cette construction sous peine de la bastonnade. En parcourant l'enceinte, on voit tant de débris et de décombres, qu'on se fait une idée des terribles ravages causés par les feux souterrains (1).

Le territoire de cette ville est digne de l'Eden antique, tant il est propre aux plantes les plus variées. Le vallon de Hittin, au nord-ouest, arrosé par un petit ruisseau qui se jette dans le lac au-delà de Magedon, produit tous les arbres

(1) Depuis le voyage de l'auteur, Tabariéh a été détruite de nouveau de fond en comble par un horrible tremblement de terre. *Et etiam periere ruinæ !*

ruitiers, et les orangers et les citronniers en sont renommés dans la Palestine. Les bords du lac verraient fleurir tous les fruits des tropiques, si on les y cultivait avec le moindre soin. Malheureusement le joug turc met obstacle à tout progrès. L'avarice de l'aga tarit dans leur source l'agriculture et l'industrie. Voilà pourquoi ce sol admirable, qu'a vanté à bon droit l'historien Josèphe, demeure en friche. On n'y aperçoit que de loin en loin de rares cultures, et les pauvres fellahs des villages d'alentour sont exposés aux avanies et à tous les caprices des agents du fisc. C'est l'aga qui a la ferme du pays, et rien n'échappe à sa rapacité. Comme le pacha de Saint-Jean-d'Acre à le monopole des céréales, elles sont enlevées sans être payées, et les colons dépouillés sans pitié se voient privés du prix de leurs sueurs.

Tabariéh, la seule ville de l'est de la Galilée, n'est point un séjour agréable; comme les villes de la côte, elle manque de mouvement. Si plusieurs familles israélites, venues de l'Europe habiter le sol de la patrie, se sont établies ici dans un pays désert et monotone, c'est que les souvenirs de l'histoire les ont attirées. Tibériade est, en effet, une des quatre villes consacrées par la tradition, ainsi que Jérusalem, Safad et Hébron. On raconte même que la derrière assemblée du Sanhédrin a été tenue ici et qu'on y a rédigé la Mishna, c'est-à-dire le texte authentique du Talmud.

Trois fléaux ravagent la ville et ses environs: les tremblements de terre, les sauterelles et la fièvre endémique, qui décime souvent la population. Tous les ans et surtout dans les années pluvieuses, il se déclare, en été, à Tabariéh, une fièvre qui fait beaucoup de ravages. Elle est causée par la saleté de la ville et les détritus amoncelés au bord du lac. Cette fièvre, qui règne aussi à Acre, est compliquée ici d'accidents divers. Mais les leçons restent inutiles, et les Turcs de la ville continuent de laisser pourrir les charognes au milieu même des habitations.

Comme on ne trouve point de pain à Tabariéh, où les indigènes se nourrissent d'une galette cuite sur une plaque de fer, à la manière arabe, le voyageur est obligé de se pourvoir de pain à Nazareth ou à Safad. Mais le riz remplace avantageusement le pain.

Comment peut-on vivre là, dira peut-être un Parisien accoutumé au luxe et à la vie molle et efféminée des capitales? Mais les habitants sont habitués à vivre de peu et ne se font point l'idée des mœurs raffinées de l'Occident. Et puis c'est la patrie, et cette seule raison répond à tout. Quant à moi, si je n'avais été pressé par le temps, j'eusse volontiers passé non pas une semaine, mais des mois entiers sur les bords du lac de Tibériade, tant la nature y est belle, tant les souvenirs de l'Evangile y sont vivants, tant la poésie y brille d'un éclat inconnu à l'Occident. Mais pourquoi cet enthousiasme d'artiste? Est-ce pour se voir railler par la foule, qui ne sent ni le vrai, ni le beau, ni le bon? Dans notre âge où l'esprit est sacrifié à la matière, la vie idéale est bien peu comprise, et l'on raille les poètes de croire à l'infini!

La route de Jérusalem à Safad passe par Tabariéh, en longeant les coteaux du lac; mais elle est peu sûre, à cause du brigandage des Arabes d'au-delà du Jourdain, qui font des courses jusqu'au Thabor, pour surprendre les caravanes de marchands.

Tabariéh n'a de commerce qu'avec le Ghor ou le bassin du Jourdain, dont elle est le point central. Les Bédouins nomades, qui habitent cette Ouadi si riche en pacages n'ont d'autres richesses que de nombreux troupeaux dont ils portent la laine au bazar de Tabariéh. Ils reçoivent en échange du blé, des vêtements et des armes. Ces Bédouins sont musulmans; mais ils n'ont ni mosquée ni imans; leur culte est tout patriarcal; aussi sont-ils tolérants et forment ainsi avec les Turcs un contraste frappant. Les Turcs de l'intérieur de la Palestine sont restés les mêmes; ils n'ont changé en rien et la réforme du sultan Mahmoud n'a pas pénétré jusqu'à eux.

IV.

LES OSMANLIS.

Passons à quelques détails des mœurs turques, qui peuvent donner une idée de l'ignorance et des préjugés populaires en Syrie. Ces détails compléteront la physionomie générale des Turcs dans la Terre-Sainte et forment la transition entre la civilisation de la côte et la barbarie de l'intérieur, dont Damas est la plus implacable expression. Pendant la semaine que je passai dans cette petite ville, je me promenais sans crainte, soit dans l'enceinte des murs, soit aux alentours, ou seul, ou accompagné du chrétien indigène qui me servait d'interprète. Comme il faut toujours être armé, j'avais la précaution de porter à ma ceinture un petit yatagan; on n'eût pas respecté un Franc désarmé: mais la moindre arme impose à la foule. Toutes les fois que dans mes courses journalières je rencontrais des Turcs ou Osmanlis, soit à la porte de la ville, soit dans les rues ou dans les mosquées, ou sous les voûtes du bazar, ils jetaient en passant auprès de moi et sans s'arrêter, des regards sombres et farouches; puis ils s'éloignaient à pas lents en murmurant à demi-voix: Que Dieu maudisse les Francs! Toutes les fois que je traversais les rues du quartier turc ou que je descendais sur les bords du lac, les femmes qui allaient au bain public ou qui en revenaient, les esclaves noires qui lavaient le linge dans les eaux du lac, et surtout les enfants turcs, qui se rendaient à l'école annexée à la mosquée principale, ou qui en sortaient pour revenir dans les harems auprès de leurs mères, les serviteurs même de l'aga ne me regardaient qu'avec horreur, à cause du costume européen. Tous semblaient craindre d'être touchés en passant par un chien d'infidèle ; les femmes semblaient frappées d'effroi ; souvent même, n'ayant pas le temps de se voiler entièrement, elles me tournaient le dos brusquement jusqu'à ce que je fusse bien loin. Mais toutes avaient soin de se voiler entièrement, en y mettant même de l'affectation. C'est ainsi qu'à toute occasion on semblait m'éviter comme un pestiféré, ou tout au moins comme un être immonde, soit mépris, soit haine, peut-être par l'une et l'autre cause. La superstition faisait qu'on m'évitait à Tabariéh avec autant de précaution qu'on évite à Naples celui dont on redoute le *mal occhio*. Quelque peine qu'on ait à s'accoutumer à cette impression de crainte qu'on inspire aux femmes et aux enfants, il faut pourtant s'attendre à ce qu'il en sera ainsi longtemps encore dans l'intérieur de la Syrie. Les villages des bords du lac sont encore plus fanatiques que les villes ; car la haine des Francs y est plus brute. Je m'attristais de voir à tout moment combien les chrétiens sont haïs des musulmans dans ce beau pays, d'où est sorti le Christianisme. Cette haine aveugle et stupide est un parti pris dont rien ne peut faire sortir, ni le turc de la ville ni le fellah du village. A la vérité, pour amortir l'effet de cette exécration publique, j'avais eu le soin de laisser croître une longue barbe noire, qui m'ombrageait la poitrine et me donnait un air patriarcal. C'est le seul moyen de se faire respecter des Turcs dans les cités et des Arabes dans les courses aventureuses.

Tout a un caractère religieux en Orient, lois, mœurs, vêtements, repas, soins du corps. L'usage de porter une longue barbe est général dans l'empire Ottoman ; Mahomet la portait ainsi, disait-il lui-même, afin d'imiter les patriarches, les anciens rois de l'Orient et les prophètes juifs. A l'exemple de leur législateur, les musulmans riches et pauvres conservent leur barbe comme un signe d'honneur. Les grands la font peigner et parfumer par un barbier. Les Turcs de Constantinople, depuis la réforme extérieure du sultan Mahmoud, ont coupé leur barbe ; mais en Syrie, où la réforme n'a pas fait de progrès, les Turcs ont conservé la barbe et même la robe longue. Parmi les rayas chrétiens de l'empire, Grecs, Arméniens, Cophtes, ceux qui ont fait le pélerinage de Jérusalem laissent croître leur barbe et la portent longue le reste de leur vie, par dévotion. Les Chrétiens et les Juifs se font raser et ne gardent qu'une moustache. Mais on voit que la barbe ne me protégeait qu'à demi, parce que j'avais conservé le chapeau et l'habit européen, qui est pour un vrai musulman un signe de réprobation. Voilà la cause de tous les désagréments que j'éprouvais à chaque pas, car je m'obstinai, malgré quelques conseils amis, à ne pas me dénationaliser encore, mon intention étant de n'adopter le costume orientalqu'au

moment même d'entreprendre le voyage de Damas, où le costume franc n'est pas admis. Les Damasquins sont si exaltés par le fanatisme, qu'ils ne tolèrent pas même de consuls européens, et que les Lazaristes français qui y évangélisent sont astreints à revêtir le costume des prêtres syriens.

Cependant, quand les chrétiens se sentent appuyés par le Mutselim de la ville, ils peuvent braver impunément les Turcs et répondre à l'injure par l'injure. Bien plus, Burkardt qui visita avant moi Tabariéh, raconte dans le curieux journal de son voyage, qu'il vit un chrétien frapper un turc publiquement en plein bazar, sans qu'il en résultât pas même la peine du talion. Le duel étant inconnu des orientaux, les rixes des mouéros et des chameliers se terminent assez souvent par le pugilat.

Il faut que le fanatisme soit bien puissant chez les musulmans, pour leur faire oublier leurs traditions religieuses à l'égard du hadji ou pélerin de Jérusalem. On savait à Tabariéh que j'étais un hadji, et ce titre sacré impose ordinairement le respect à la foule. Le pélerin de Jérusalem, comme celui de la Mecke, a aux yeux des Turcs un caractère religieux : il est inviolable. Mais le fanatisme l'emportait sur tout le reste, et je subissais les tristes conséquences de la haine implacable que les Turcs de la Syrie ont vouée aux Francs.

Il paraît que, depuis l'époque des croisades, la haine que les Francs ont inspirée aux Osmanlis s'est conservée de père en fils comme par tradition. Cette haine fait en quelque sorte partie de l'héritage dans la famille turque. Si l'on excepte quelques Anglais, entre autres Burkardt, qui vers ces derniers temps ont parcouru le Hauran et la Décapole, jamais Européen, depuis un siècle peut-être, n'avait osé passer le Jourdain. Dans l'intérieur des terres, où ne pénètrent guère les voyageurs, on hait les Francs sans aucune exception ; car on ne sait pas distinguer un Français d'un Italien ou d'un Espagnol, ni un Allemand d'un Russe ou d'un Polonais ; ce n'est que sur la plage de la mer où l'on est accoutumé à voir les Européens de toutes races, qu'on sait la différence qui existe entre un Français et un Anglais. Si j'avais à déterminer la cause de l'aveugle mépris qu'on témoigne aux voyageurs francs dans l'est de la Galilée, et du fanatisme brutal dont se font gloire les vrais croyants, je la trouverais surtout dans le défaut presque absolu de communication avec la mer. Dans les Echelles du Levant, où la tolérance et la raison générale pénètrent avec le commerce, les musulmans s'humanisent ; le contact incessant de l'Europe et de l'Asie leur donne une teinte plus ou moins grossière de civilisation ; le simple échange des idées suffit, quelque incomplet qu'il soit, pour établir les nuances les plus marquées entre un Turc des côtes et un Turc de l'intérieur du pays. Presque malgré lui, le musulman qui fréquente les Echelles perd des préju

gés et sent ses idées rudes et informes s'assou-
plir et se polir de plus en plus. Au reste, je le
demande à tout homme impartial, les préjugés
ne sont-ils pas de tous les lieux et de tous les
temps? Croit-on qu'un Osmanlis de Damas,
en conservant son costume oriental et ses usages musulmans, pût voyager à son aise dans
la Bretagne ou l'Auvergne? ne courrait-il pas
quelques risques dans nos village et même dans
nos petites villes où le nom de Turc semble plus
étrange encore que celui de Juif? Je veux bien
admettre que sa vie ne serait point en danger
dans le fond de nos provinces; mais je n'oserais
répondre qu'on lui épargnât les haines et les
outrages. Qu'on ne s'étonne donc point qu'un
Franc seul et perdu dans l'intérieur de la Syrie,
y soit exposé comme je 'aï été à tous les inconvénients de l'ignorance et du fanatisme.
La Syrie ne diffère point de la Bretagne en ce
point, et le peuple est le même partout. Les préjugés et les passions se ressemblent à Paris et
dans le désert; et la différence extrême qu'on
remarque entre un asiatique et un européen,
est l'effet combiné de deux causes, l'éducation
et le climat. Certes si les Turcs de Tabariéh et
les fellahs des villages voisins haïssent les
Francs comme des ennemis, ce n'est pas qu'ils
aient un souvenir confus de Saladin, des Croisades, ni même de la bataille de Hittin. Et, si
nous descendons aux temps plus rapprochés,
ce n'est pas qu'ils aient conservé un esprit de
vengeance héréditaire, ni des souvenirs des
dégâts faits dans la Galilée par l'armée française
de Syrie, quoique les vieillards de Tabariéh
aient pu voir Kléber à Fouléh, Junot à Loubi,
Murat à Safad et Napoléon lui-même au pied
du Thabor; la gloire des conquérants de l'E-
gypte en rayonnant sur la Galilée, a laissé à
peine une vague impression dans des cœurs in-
souciants du passé. L'histoire est muette pour
eux; les événements les plus remarquables se
perdent dans l'oubli et vont rejoindre dans le
même néant les cendres des morts. Le passé
se réduit pour les Turcs à des traditions religieuses, à des légendes et à quelques récits de
songes ou de visions insérés dans les annales
nationales. Pas un fait d'histoire ne reste dans
la mémoire des musulmans de Syrie, et le
champ de bataille de Hittin ou du Thabor ne
leur parle pas plus que la surface étincelante
du lac, où passent et repassent des essaims
d'oiseaux sans y laisser de trace.

Mais si l'histoire est inconnue, la haine des
Francs se révèle à chaque pas, et les enfants
turcs sont toujours prêts à maudire les chrétiens,
à l'exemple de leurs pères. Le trait de fanatisme rapporté au chapitre X suffira pour prouver
ce mauvais vouloir de la race turque.

V.

TIBÉRIADE SOUS LES ROIS FRANÇAIS.

Avant d'achever de décrire la ville moderne,
disons un mot de Tibériade sous le règne des
rois français de Jérusalem. Cette époque ne
peut être sans charme pour nous, puisqu'alors
les seigneurs de Tibériade étaient des chevaliers français. L'ancienne ville, dont il est
question dans la guerre des Juifs contre les
Romains, avait été détruite lors de l'invasion
des Sarrasins, qui, après la mort de Mahomet,
conquirent sur les Grecs l'Egypte et la Syrie.
Prise et saccagée après la bataille de l'Yar-
mouk ou Jourdain de Moïse, elle ne s'est plus
relevée de sa chute; mais quoique réduite à
une ombre d'elle-même, elle avait conservé son
nom, et une colonie de Juifs l'habitait encore
à l'époque des Croisades. Quand Godefroi de
Bouillon eut conquis Jérusalem et la Judée, en
1099, Tibériade et la Galilée furent le prix des
exploits de Tancrède, premier prince de la Galilée. Il rebâtit la ville actuelle sur une partie
des ruines de l'ancienne et avec les mêmes ma-
tériaux. Elle eut une citadelle, des murailles
flanquées de tours, et elle devint une baronnie
féodale; car la féodalité avait passé les mers
avec nos croisés. Tibériade était la deuxième
grande baronnie du royaume français, et elle
avait un évêque qui relevait de l'archevêque
de Nazareth. Sa juridiction s'étendait à l'ouest
jusqu'au pied du Thabor, et le prieur du mo-
nastère de Bénédictins, bâti sur la cime, établissait la ligne de démarcation entre l'arche-
vêché de Nazareth et l'évêché de Tibériade.
Betsan et tout le pays autour du lac et dans la
vallée du Jourdain étaient soumis à l'évêque latin de Tibériade.

Le plus célèbre baron de Tibériade est Tancrède, dont Raoul de Caen a écrit la vie en vers
et en prose. C'était un seigneur sicilien, qui
appartenait par sa mère à la famille de Haute-
ville, et par conséquent à la race des Normands
français. Ses exploits devant Nicée, à Dorylée,
devant Tarse, Antioche, Jérusalem, semblent
des prodiges. Ce fut lui qui découvrit au nord
de Jérusalem, à gauche du chemin de Naplouse,
le bois d'oliviers qui fournit les machines et
dont le Tasse a fait sa forêt enchantée. Tancrède refusa de rendre l'hommage féodal à
Baudouin Ier, frère et successeur de Godefroi, et ne le reconnut pour roi qu'avec répu-
gnance. Appelé en 1100 à gouverner Antioche,
en l'absence de son cousin Bohémond, fait
prisonnier, sans quitter le gouvernement
d'Antioche, il alla ensuite gouverner Edesse
en l'absence de Baudouin du Bourg, tombé
aussi entre les mains des ennemis. Dans la
lutte continue avec les Musulmans de la Syrie,
tout était surprise et accident; aussi voit-on
souvent des princes et des rois mis aux fers.
Bohémond délivré de prison et revenu dans sa
principauté, part pour l'Europe, afin d'obtenir
des secours; alors Tancrède gouverne à la fois
Edesse et Antioche. En reconnaissance de ses
services, Baudouin Ier lui rend la principauté
de Galilée en 1109; mais il en jouit peu, étant
mort de maladie à Antioche trois ans après.

Tancrède est le modèle des chevaliers. Appartenant à la fois à l'Italie et à la France, le Tasse l'a idéalisé dans son poème, et Voltaire l'a offert à notre admiration sur la scène française. Quel lecteur de la *Jérusalem délivrée* ne se rappelle avec charme les noms de Clorinde et de Tancrède ? Mais le Tasse a peint le chevalier du 16ᵐᵉ siècle, et non le preux du 12ᵐᵉ ; il semble qu'il ait voulu peindre Bayard. Du reste, Tancrède égalait Bayard par la franchise, la bonhomie et la naïveté. Deux traits en sont la preuve.

Un jour qu'étant seul avec son écuyer il avait été surpris par trois Turcs, il les tua tous trois et dit à son écuyer : Ne dis à personne ce que tu as vu. Quel excès de modestie! A son lit de mort, voyant pleurer sa jeune femme et un jeune chevalier nommé Panse, fils de Bertrand, comte de Tripoli, il leur dit, pour les consoler et en leur prenant les mains : Bonnes âmes, mariez-vous ensemble quand je ne serai plus. Cette recommandation fut suivie par les deux jeunes gens. Quelle grandeur d'âme et quel oubli de soi-même dans le héros mourant ! Ce qui rend si sublimes les preux des croisades, c'est cette foi ardente jointe à la modestie et à une admirable simplicité de mœurs dont nous avons perdu la tradition.

Pendant que Tancrède gouvernait Antioche, Baudouin Iᵉʳ donna la baronnie de Tibériade à Hugues de Saint-Aldemard, dont la vie est ignorée. J'emprunterai seulement aux chroniques le récit de sa mort.

L'immense basilique de Sainte-Marie, que remplace aujourd'hui, à Nazareth, la petite église du même nom, renfermait au moyen-âge plusieurs tombeaux dont il ne reste aucune trace. Les morts même subissent l'effet des vicissitudes humaines ! C'est sous ces voûtes élevées par sainte Hélène que furent déposés les restes de Jaquelin de Maillé et de ses compagnons de gloire. Parmi les tombeaux des héros croisés, on remarquait le mausolée de Hugues de Saint-Aldemard, seigneur de Tibériade. Voici comment les chroniqueurs racontent la mort de ce chevalier français. Ayant été courir le territoire ennemi à la tête d'une troupe de partisans, après avoir ravagé le pays de Suète, situé au midi de Damas, au-delà du lac de Tibériade, dans l'antique Décapole, l'infatigable comte de Tibériade en emportait un riche butin et le faisait conduire dans la forteresse de Banias, quand les Damasquins et les Arabes d'au-delà du Jourdain le poursuivirent dans les montagnes. Le Seigneur de Tibériade n'ayant que 70 cavaliers, fut obligé de battre en retraite, après avoir livré deux combats dans un jour à quatre mille Damasquins ; puis ayant reçu du renfort, il fut vainqueur. Alors dans un troisième combat il mit les Sarrasins en déroute. Mais après une lutte opiniâtre, ayant été blessé à mort d'un coup de flèche, il expira dans son triomphe et tout le butin fait par les Francs fut repris par l'ennemi. Les soldats chrétiens, ayant mis

sur un brancard le cadavre sanglant du héros, descendirent dans la vallée du Jourdain, traversèrent le fleuve sacré au pont de Jacob et, passant au pied des montagnes de Safad, transportèrent le comte à Nazareth, sans que dans cette longue route le convoi funèbre eût d'autres chants de deuil que les bruits du Jourdain et les échos de la vallée entre les deux lacs, sans que le cercueil eût d'autres voiles que des cesses blanches ou vertes de turban ramassés sur le champ de bataille. Le comte fut déposé dans la basilique de Sainte-Marie, selon l'usage d'enterrer dans les églises qui subsiste encore en Italie. Cet événement se rapporte à l'an 1107 et au règne de Baudouin. Mais ce qui me plaît dans cet épisode des guerres d'Orient, c'est qu'il me fournit un de ces traits d'amitié fraternelle qu'on aime à rencontrer, fût-ce à sept siècles de distance, pour se délasser du spectacle du vil intérêt et de l'étroitesse des âmes. Gérard, frère du comte de Tibériade, était malade, mais sans qu'il y eût péril. Il fut si affecté du trépas inattendu de Hugues, qu'il ne survécut que huit jours au héros. Il fut placé à côté de lui dans le même asile terrestre, afin qu'il se réveillât dans les bras de son frère au signal de l'immortalité et qu'alors, le prenant sur son cœur, le héros pût dire à Dieu ce vers de Dante :

Che, come vedi, ancor non m'abbandona.

(*Enfer*, chant 8.)

Heureux frères, dont le touchant exemple de piété fraternelle charme le cœur, non, je n'ai pu fouler le sol où s'élève la basilique de Sainte-Marie, sans songer à cette amitié qui a commencé sur la terre et qui se continue dans le ciel. Les tombeaux, l'église, tout a disparu ; mais votre amitié reste immortelle, tant ce qui vient du cœur surpasse la puissance des monuments de l'art ; tant Dieu, cet architecte des âmes, a mis dans l'homme quelque chose qui, étant empreint du ciel, doit survivre même aux ruines de ce monde, quand elles se sont dispersées comme des atômes dans les abîmes de l'infini.

VI.

SALADIN A TIBÉRIADE.

Un des derniers barons de Tabarieh a été Hugues, qui se fit un nom par ses exploits. Un manuscrit de Notre-Dame raconte comment il conféra à Saladin l'ordre de chevalerie. En voici la traduction, que nous donnons ici comme une curiosité historique.

Pendant le règne de Saladin, il y eut en Galilée un comte appelé Messire Hugues de Tabarieh. Un jour qu'il était allé avec une poignée de chrétiens combattre les Turcs, il plut à Dieu qu'ils fussent battus, et Messire Hugues pris avec plusieurs prud'hommes. Le soir il fut amené devant Saladin qui le reconnut, en fut tout joyeux et lui dit: — Hugues, vous êtes pris. — Sire, dit le preux, c'est ce qui me fâche. — Par ma foi, Hugues, vous avez raison; car il faut vous racheter ou mourir. — Sire, j'aime mieux vous donner une rançon que de mourir, si je puis vous donner assez pour que vous vouliez bien le prendre. — Très-bien, dit le sultan. — Sire, fait Messire Hugues, que vous donnerai-je, en peu de mots ? — Cent mille *besans*, dit le sultan. — Sire, ce serait une trop grande rançon pour un homme de ma terre. — Hugues, dit le sultan, vous êtes si bon chevalier et si preux que nul n'entendra parler de votre rançon et de votre prison sans vous donner et vous envoyer de l'or. — Sire, fait-il, je vous le promets, et quelles conditions voulez-vous ? — Hugues, fit le sultan, je vous donne un an sur votre foi. Si dans cet an vous pouvez me payer, je prendrai les cent mille besans, si non, revenez, je vous reprendrai volontiers. — Sire, je vous le promets. Faites-moi conduire sain et sauf dans mon pays comme un chevalier. — Hugues, je veux auparavant vous parler. — Sire, bien volontiers; mais où ? — Dans la tente à côté. — Ils y entrèrent et le sultan demanda à Hugues comment on faisait un chevalier selon la loi chrétienne et qu'il le lui enseignât. — Sire, quel est celui qui doit être reçu ? — Moi-même, fit le sultan. — Sire, à Dieu ne plaise que je sois si faux, fit Messire Hugues, de jeter une si grande chose et une si haute seigneurie dans la cour d'un homme illustre comme vous. — Pourquoi, fit le sultan? — Sire, parce que vous êtes vide. — Et de quoi, Hugues? — Sire, de chrétienté et de baptême. — Hugues, ne me blâmez point: vous êtes mon prisonnier. Si vous faites ce que je vous demande et que vous retourniez dans le pays de vos conseillers, vous n'y trouverez personne qui vous blâme: je préfère être fait chevalier par vous que par tout autre, et de qui mieux que de vous puis-je recevoir l'ordre de chevalerie.? — Sire, fait-il, sur ce que vous me dites, je vous recevrai; mais si vous étiez chrétien, l'ordre de chevalerie vous irait à merveille. — Hugues, fait-il, cela ne peut se faire maintenant. Messire Hugues fait apprêter tout ce qu'il faut pour un chevalier. Sa tête et sa barbe sont disposées mieux qu'elles n'étaient; il est mis dans un bain, et Hugues lui demande: — Sire, savez-vous que ce bain vous fait entendre que vous renaissez? — Hugues, fit le sultan, je n'en sais rien. — Sire, reprend Hugues, vous devez sortir de ce bain de vilenie et de souillure, aussi net et aussi pur de péché que les enfants qui sortent des fonts du baptême. — Par ma foi, Hugues, ce commencement est bien beau, celui qui le reçoit d'un prud'homme le reçoit de Dieu. Il le mène à un lit neuf, l'y couche et lui dit: — Sire, ce lit est l'image du paradis que vous devez conquérir par votre chevalerie. Et quand il l'y eut couché, il le leva et le revêtit d'une robe blanche, tissue de lin et de soie, et lui dit: — Sire, cette robe blan-

che vous donne d'abord à entendre la grande pureté dont vous devez donner l'exemple à votre cour. Il le revêtit ensuite d'une robe vermeille d'écarlate et de soie, et lui dit : — Sire, cette robe vermeille vous donne à entendre le sang que vous devez répandre pour servir Dieu et défendre la sainte Eglise. Il le replace dans le lit, les jambes en dehors, et lui met des chausses brunes en lui disant : — Sire, ces chausses vous donnent à entendre la terre où vous devez retourner; car, quelque soit l'avantage que Dieu vous accorde, souvenez-vous qui vous êtes et que vous vivez. Il le replace debout et lui ceint une ceinture blanche en lui disant : — Sire, cette ceinture blanche vous donne à entendre la pureté du corps, car celui qui est devenu chevalier doit prendre garde de commettre un péché. Après cela, on apporta des éperons d'or ou dorés; il les lui chaussa en disant: — Sire, comme vous voulez que vos chevaux obéissent rapidement à vos éperons, de même vous devez obéir aux commandements de Dieu, servir et défendre la sainte Eglise. On lui apporta ensuite une épée et il lui demanda : — Sire, savez-vous que cette épée vous donnera trois choses ? — Lesquelles? — Droiture, sûreté, loyauté ; la croix qui est dans cette épée est sainte, ne doit pas craindre le diable : les deux tranchants qui sont dans l'épée vous donnent la droiture et la loyauté, puisqu'un preux chevalier doit garder droitement et loyalement le faible du fort et le pauvre du riche.

Ici finit le manuscrit.

L'ordre de chevalerie est un fabliau dont l'auteur est inconnu ; l'original est du 15ᵉ siècle. Selon ce fabliau, un seigneur français fait prisonnier est renvoyé par Saladin, à condition de revenir au bout de l'an avec sa rançon. Mais auparavant le sultan se fait armer chevalier. Après la cérémonie, Saladin reconnaissant accorde à Hugues la liberté de dix chevaliers : Je t'en remercie, dit Hugues ; mais tu m'as conseillé de recourir à mes amis pour ma rançon : tu es maintenant mon ami, prête-moi ce que je dois au grand Saladin. A ces mots, cinquante émirs apppelés par le sultan contribuèrent tour à tour. Saladin complète la somme, lui en fait présent et le renvoie libre. Cette aventure est fabuleuse ; mais nos vieux historiens affirment que Saladin fut fait chevalier par un seigneur français captif: seulement ils nomment Honfroi de Thoron, au lieu de Hugues. Plus tard, l'émir Sacardin fut fait chevalier par Frédéric II, empereur d'Allemagne. Madame Cottin, dans son roman de Mathilde, a fait usage de cette tradition, et Malec-Adhel est armé chevalier par Richard-Cœur-de-Lion. Telle est de siècle en siècle la transmission des idées.

Il nous reste à montrer Saladin dans toute sa gloire, devant la citadelle féodale de Tibériabe.

En 1185, Saladin avait paru pour la première fois sur les bords du lac. Après avoir campé dans la haute vallée du Jourdain, il envoya des corps détachés ravager la Galilée ; puis, étant descendu dans la basse vallée, il campa auprès de la fontaine de Thubanie, à l'ouest de Betsan. Guy, qui venait d'être nommé régent, à cause de la maladie de Beaudoin IV, attaqué d'une lèpre incurable, conduisit au pied des monts de Gelboé la plus belle armée qu'on eût vue dans la Terre-Sainte depuis la première croisade. Mais la faiblesse et l'indécision de Guy rendirent inutile cette prise d'armes. Le régent n'osa attaquer Saladin, qui dévastait le pays et qui se retira sans obstacle.

L'incapacité notoire de Guy obligea le roi de le destituer et de confier la régence à Raymond de Tripoli, qui devint ainsi l'antagoniste de l'époux de Sibille, querelle dont les suites furent la ruine du royaume français.

Raymond, comte de Tripoli, ayant épousé l'héritière du fief de Tibériade, se réfugia dans cette ville, lors de l'élection de Guy de Lusignan, dont il redoutait l'hospitalité. Mais le funeste combat des Templiers contre les Sarrasins à Elméched, près de Nazareth, fit oublier toutes les inimitiés particulières, et Guy, ayant fait les premières démarches, Raymond se réconcilia avec le nouveau roi. Sur ces entrefaites, Saladin prit Tibériade et assiégeait dans la citadelle la femme de Raymond, qui se défendait en héros. Deux chroniqueurs du temps nous ont conservé le discours que Raymond prononça dans le conseil, quand on délibéra de marcher avec l'armée chrétienne pour délivrer la citadelle de Tibériade. Il voulait éviter la bataille ; mais son conseil ne fut pas suivi, et l'armée alla subir à Hittin, près de Tibériade, cette effroyable défaite, qui amena la fin du royaume de Jérusalem. Ibn-Alatir raconte ainsi cette triste journée.

« Le samedi matin, les Musulmans sortirent de leur camp en ordre de bataille ; les Francs s'avançaient aussi, mais affaiblis par la soif qui les tourmentait. Les flèches firent un grand ravage parmi les cavaliers chrétiens ; l'infanterie des Francs s'était ébranlée pour se porter vers le lac et y faire de l'eau. Aussitôt, Saladin courut se placer sur son passage ; bientôt il n'y eut plus pour les chrétiens d'espoir de salut. Le comte de Tripoli essaya de se frayer un chemin. Taki-Eddin, neveu du sultan, fit ouvrir les rangs et le comte put échapper. L'armée chrétienne était alors dans une situation horrible : on avait mis le feu aux bruyères de la plaine où elle se trouvait ; là, la fumée, la chaleur de l'incendie, celle du jour, celle du combat, tout concourait à accabler les Francs. Poussés par le désespoir, ils attaquèrent les Musulmans avec une grande impétuosité ; enfin, ils furent entourés de toutes parts et repoussés jusqu'à une colline voisine du village d'Hittin ; là ils essayèrent de dresser quelques tentes et de se défendre. Tout l'effort du combat se porta de ce côté. »

L'historien arabe Emmad-Eddin rapporte comment le roi fut pris, et répète ce qu'il avait entendu raconter au fils de Saladin : « J'étais auprès de mon père, disait le jeune prince, quand le roi des Francs se fut retiré sur la hauteur, les braves qui étaient autour de lui fondirent sur nous, et repoussèrent les Musulmans jusqu'au bas de la colline. Je regarda alors mon père, et je vis que son visage était triste. Faites mentir le diable ! cria-t-il à ses guerriers en se prenant la barbe. A ces mots notre armée se précipita sur l'ennemi, et lui fit regagner le haut de la montagne. Je m'écria alors plein de joie : Ils fuient ! ils fuient ! Mais les Francs revinrent à la charge et s'avancèren de nouveau vers le bas de la colline. Je m'écria encore : Ils fuient ! ils fuient ! Alors mon père me regarda et me dit : Tais-toi, ils ne seron vraiment vaincus que lorsque le pavillon du roi tombera. Or, il finissait à peine de parler, que le pavillon tomba. Aussitôt mon père descendit de cheval, se prosterna devant Dieu, et lui rendit grâce en versant des larmes de joie. »

Raymond, qui commandait l'avant-garde, s'était fait jour à travers les rangs ennemis et il se retira dans son fief de Tripoli, où Saladin, après avoir pris la citadelle de Tibériade, lui renvoya sa femme, sans exiger de rançon. Mais inconsolable de la ruine du royaume et accusé de trahison par les chrétiens, il en mourut de désespoir.

Saladin, heureux conquérant du royaume français, était parvenu à force de génie à occuper le trône des califes fatimites d'Egypte. Simple cavalier Courde au service de Noureddin, soudan de la Syrie, il fut fait émir, et il fut ensuite envoyé au Caire, à la tête d'un corps d'armée pour servir Adad, dernier calife d'Egypte, et il devint visir. A la mort d'Adad, il se fit proclamer Soudan dans les Mosquées. Puis devenu tuteur du fils de Noureddin, il usurpa sur son pupille la sultanie de Damas et réunit ainsi sous un même sceptre tous les états musulmans. Cette unité, entre les mains d'un grand homme, fut fatale aux chrétiens de la Palestine, affaiblis et divisés.

La guerre entre Saladin et Richard-Cœur-de-Lion, dans la troisième croisade, offre les proportions d'une Iliade ; aussi Walter-Scott a-t-il puisé le sujet de son beau roman historique, Richard en Palestine. On se sent en plein moyen-âge, en lisant les récits chevaleresques du terrible roi d'Angleterre. Le règne de Saladin, restaurateur de l'Islamisme en Orient, a été l'apogée de la gloire musulmane. Aussi l'histoire de ce conquérant, écrite avec élégance par Marin, écrivain de talent, se fait-elle lire avec un curieux intérêt.

Comme j'ai décrit dans la correspondance d'Orient la bataille de Hittin, je n'ajouterai ici aucun autre détail, pour éviter de me répéter. C'est ici que finit l'histoire féodale de Tibériade. Les rares voyageurs, qui l'ont visitée depuis les croisades, n'ont plus retrouvé que l'écho de son nom et des ruines ajoutées à des ruines.

VII.

FASTES DE TIBÉRIADE.

J'étais établi à Tibériade dans la petite église ou chapelle grecque, qui sert de kan aux voyageurs européens. Pour compléter l'étude de la Galilée, je vais reprendre le cours de la narration. A la rapide peinture de la ville à ses différents âges, j'ajouterai le récit de deux courses sur les bords du lac.

Ne voulant parler que de ce que j'ai vu, cette étude des lieux ne dépassera pas le bassin du lac évangélique, et, pour éviter la diffusion je m'en tiendrai aux détails les plus indispensables, afin de bien faire connaître une petite ville de la Terre-Sainte inconnue ou plutôt oubliée.

> Muono le città,

a dit le poète de Sorrente. L'antique cité d'Hérode Antipas n'est plus; parlons donc des ruines avant de continuer de décrire la ville moderne. Les ruines, dont on admire encore le nombre, s'étendent depuis les murs actuels jusqu'à mi-chemin du bain thermal. Cet édifice, renommé par les guérisons qu'il opère, marque la place du village d'Emmaüs, qui était le faubourg de Tibériade. Toutes les ruines embarrassent la plage pendant un mille et demi et on rencontre çà et là des chapiteaux de granit gris, dont les feuilles d'acanthe sont frustes et des fragments sculptés avec un art admirable. Mais parmi tant de débris amoncelés, il n'est rien resté debout, pas même une colonne, tant la destruction a été complète. On chercherait en vain la place du temple infame de Tibère et les traces de l'hypodrome dont parle Josèphe dans son Histoire de la guerre des Juifs. C'est dans ce cirque que Vespasien, ayant fait enfermer les défenseurs de Tarichée, après la prise de cette ville, condamna à mort les enfants et les vieillards, et choisit dans la foule six mille hommes jeunes et robustes pour les envoyer à l'isthme de Corinthe, où Néron faisait creuser un canal de communication entre les deux mers ; tout le reste fut vendu comme esclave. Tel était dans l'histoire ancienne le mépris des lois de l'humanité, et les horribles droits de la guerre n'ont cédé qu'à la douce puissance de l'Evangile. Quel sage eût osé dire avant le Christ : Aimez vos ennemis et rendez-leur le bien pour le mal ! La manifestation de cette vérité morale fut pour le genre humain une révélation divine.

Les fastes de Tibériade s'étendent depuis le Christ jusqu'à nos jours avec des lacunes plus ou moins sombres. Ayant remplacé le bourg de Cénereth, la ville prit le nom de Tibère, parce que Hérode Antipas voulut flatter l'exilé volontaire de l'île de Caprée. Fondateur de villes et ami des arts, ce tétrarque éleva à Tibériade en l'honneur du vil César, déifié de son vivant, ce temple dont les débris attestent encore la honteuse magnificence.

Tibériade n'est pas une ville ancienne, si on la compare à Ptolémaïs et à Samarie ; mais comme ces deux villes, elle a subi tous les jeux de la fortune. Longtemps un simple bourg sur la rive du lac de Génézareth, elle fut inconnue dans l'histoire. Pendant une période de deux mille ans, la Bible n'en fait pas mention une seule fois. Ce bourg est métamorphosé en ville par Hérode Antipas. La dédicace de cette ville est une de ces flatteries dignes d'un prince avili. Quelle honte pour un juif d'ériger un temple à Tibère !

Mais l'histoire des Empereurs est pleine de ces tristes adulations. On avait élevé des temples à Auguste ; on en éleva à Tibère. Onze villes de l'Asie-Mineure, dit Tacite, se disputèrent cet honneur. Ce fut Smyrne qui l'emporta. Mais le *Dieu Tibère* dédaignait ces vains hommages; car il était blasé sur tout, même sur les parfums de l'encens que des prêtres faisaient brûler sur un stupide autel.

Tibériade, établie la capitale de la Galilée, est bientôt dépossédée de ce titre; car les Romains le donnent à Séphorie; mais lors de la guerre des Juifs, Tibériade s'étant soumise sans résistance, Vespasien la respecte, tout en ruinant les villes voisines. De là son importance sous le règne des Empereurs. C'est à Josèphe, gouverneur de la Galilée, que Tibériade dut ses murailles, ainsi que Tarichée, sa voisine. A l'époque de la ruine de la Judée, elle renfermait 20,000 habitants ; 600 des principaux de la ville formaient un sénat, et 250 barques sillonnaient en tout sens les eaux du lac.

Située dans la tribu de Zabulon, Tibériade était une des villes saintes de la Judée, selon le Talmud. Avec Jérusalem, Hébron et Safad, elle forme le centre des asiles où viennent mourir les Juifs d'Europe, afin de mêler leur cendre à celles de leurs aïeux. Devenu le refuge des Juifs du pays, après la dispersion de la nation, Tibériade a été pendant plus de 500 ans, c'est-à-dire depuis la ruine de Jérusalem jusqu'à la loi de Théodose, le centre du gouvernement juif. La succession des patriarches ou chefs nationaux, dont la liste n'est close que sous les derniers empereurs grecs, la composition du second Talmud et de la Misnah, l'école célèbre qui fleurit dans son sein, tout ce passé inscrit dans l'histoire prouve une illustration peu commune.

Benjamin de Tudèle vint, au moyen-âge, sous les rois français de Jérusalem, visiter la Terre-Sainte ; il vit Nazareth, Tibériade et Safad ; il ne compte que 50 familles juives dans la ville d'Hérode. Le nombre en est quintuplé aujourd'hui, à cause de la colonie allemande qui s'y est établie. Les Juifs se divisent en deux synagogues, l'une indigène, l'autre allemande. Les Juifs d'Europe ont adopté le costume du pays;

mais leurs femmes portent un costume pittoresque, mi-partie allemand, mi-partie syrien. On reconnaît en les voyant combien le climat modifie, sans lui ôter son caractère, le type pur de la race juive.

C'est à l'époque de Tancrède, de Hugues de Saint-Aldemar et de Gervais, digne d'avoir une biographie à part, que Tibériade intéresse la France et attire les regards de la chrétienté. Alors Tibériade est une ville française, puisque les seigneurs qui la gouvernent sont français d'origine. De toutes les villes du royaume latin, c'était la plus exposée aux attaques des Musulmans, à cause du voisinage de Damas ; aussi son territoire a-t-il été arrosé de sang pendant un siècle et demi.

L'histoire de Tibériade est continue à l'époque des croisades et se termine par le siége qu'elle soutint contre Saladin, sous le règne de Guy de Lusignan. Dans le cinquième volume de la *Correspondance d'Orient*, j'ai fait le récit de la bataille de Hittin, et j'ai donné la topographie du champ de bataille. La défaite du roi de Jérusalem fut suivie de la capitulation de la citadelle, où s'était renfermée la comtesse de Tripoli avec ses enfants. Raymond, son époux, a été le dernier baron de Tibériade. Comme il avait quitté le champ de bataille, il a été accusé d'être un traître par les chroniqueurs ; on en donne pour preuve que Saladin lui renvoya à Tripoli sa femme et ses enfants ; mais il est justifié si, comme le racontent les historiens orientaux, il mourut du chagrin que lui causa la ruine du royaume latin.

Retombée en 1187 sous le joug musulman, Tibériade reste oubliée jusqu'à ce que Soliman-le-Magnifique, ayant rétabli les murs de Jérusalem, fit aussi relever ceux de Tibériade, en conservant l'enceinte tracée par Tancrède. Elle n'est plus nommée dans l'histoire jusqu'à l'expédition de Napoléon en Syrie. Alors quelques reflets de la victoire du Thabor ont rejailli sur le nom d'une ville obscure, dont les bruits du lac étaient la seule voix.

Maintenant passons à la ville moderne, qui a pris le nom de Tabariéh. Comme toutes les petites villes de la Terre-Sainte ont un caractère qui leur est commun, quelles que soient les variétés locales, j'ai pensé qu'en décrivant une de ces villes avec quelques détails, je les décrirais toutes. J'ai donc choisi Tibériade comme la plus curieuse et la moins connue, afin qu'on pût juger par sa description de toutes les autres petites villes. *Ab uno disce omnes.* Ce que je vais dire de Tibériade s'appliquera, avec des nuances, à Jaffa, Ramlé, Djenine, Tyr, Saïda, etc. Toutes ces villes sont sœurs, et leur physionomie est la même.

Vue du lac, la ville de Tabariéh rappelle l'aspect du sérail de Constantinople baigné par le Bosphore ; mais les proportions sont plus restreintes. Toutes les fortifications qui l'entourent, excepté du côté du lac, tours rondes au nombre de vingt et murailles crénelées, sont l'ouvrage du cheik arabe Daher, qui gouverna la Galilée avant l'élévation de Djézar au pachalik de Seïde. La ceinture de murs bâtie en pierres blanches est bien conservée ; mais il n'y a pas un canon sur le rempart, qui n'a pas 50 pieds d'élévation. La même forme d'architecture se retrouve dans la construction des deux kans, situés au pied du Thabor, mais on s'aperçoit que les murailles ont été restaurées en partie sur l'ancien plan, qui remonte aux croisades, tandis que les deux kans sont restés abandonnés. La citadelle en ruine domine la ville et le lac ; elle passe pour imprenable d'après les idées turques ; mais elle ne pourrait résister à une attaque sérieuse ; car elle est écrasée par les hauteurs qui entourent le lac à l'ouest et terminent la plaine de Loubi. D'ailleurs elle demeure dans l'abandon ; elle est lézardée et à demi écroulée depuis le dernier tremblement de terre, qui renversa une partie de la ville et ravagea la Syrie entière, en 1822(1).

On s'étonne aujourd'hui qu'une ville, dominée dans toute sa longueur par une chaîne de collines ait jamais pu passer pour une place forte ; mais il faut observer qu'au moyen-âge, avant l'invention de l'artillerie, l'avantage de plonger ainsi des hauteurs dans l'enceinte même de la ville était presque inutile aux assiégeants. Les pierres énormes lancées par les balistes faisaient peu d'effet et les assiégés bravaient les traits et le plomb des frondeurs, en s'abritant derrière les murailles. Dans l'état actuel, Tabariéh ne peut tenir contre un coup de main ; mais les Turcs indigènes la regardent comme imprenable, parce que les Français de l'armée de Syrie ne cherchèrent point à y entrer de vive force. Safad ayant été prise sans coup férir, après la victoire du Thabor, Tabariéh capitula, et les Français y trouvèrent des provisions de toute sorte, faites par l'armée turque mise en déroute. Ces provisions furent fort utiles à l'armée qui assiégeait Saint-Jean-d'Acre. Les Turcs citent aussi, comme une preuve de la force de la place, le siége qu'elle soutint sous le cheik Daher, qui venait d'en rebâtir les murailles. Une armée de Damascains et de Syriens campa en vain devant la place, sous la conduite de trois pachas, et, au bout de huit mois, il fallut lever le siége. Mais aujourd'hui comment Tabariéh résisterait-elle à un assaut ? Elle n'a point de fossés et on peut facilement faire brèche dans un mur peu épais, ou l'escalader, vu son peu d'élévation. Jérusalem et Naplouse sont aussi dominées, l'une par le mont des Oliviers, l'autre par le mont Garizim ; mais un vaste espace sépare les murailles de la cime qui commande à la ville. Tabariéh n'est qu'à une demi portée de fusil des hauteurs qui terminent la plaine de Loubi et l'espace est nu et facile à franchir.

A la vue des ruines de Tibériade, de Tari-

(1) La ville d'Alep perdit 20 mille habitants et ne s'est pas relevée de cet horrible désastre.

chée et de Capharnaüm , qui toutes trois florissaient sur les bords d'un lac enchanteur , le cœur se serre et on gémit sur l'inconstance des choses humaines. La Terre-Sainte est couverte de ruines de toutes les époques ; mais quand on songe combien de fois elle a été envahie par l'ennemi et mise à feu et à sang , on s'étonne, non de rencontrer des débris de cités et de monuments, mais de voir encore debout des villes qui ont échappé à la dévastation.

Suivons un moment l'ordre de ces inondations de conquérants plus ou moins impitoyables. L'an 67 de Jésus-Christ, Vespasien commence la guerre des Juifs ; première ruine de Jérusalem et du peuple juif trois ans après.

L'an 155 , l'armée romaine , envoyée par Adrien, détruit ce qui reste de cette nation ; l'extermination est achevée : Jérusalem même perd son nom et devient Elia Capitolina.

L'an 614, Chosroès II, roi de Perse, envahit la Terre-Sainte; il enlève la vraie Croix de Jérusalem et désole toute la Syrie.

L'an 652 , Amrou , général du calife Omar, entre avec une armée de Sarrasins dans Damas et Jérusalem.

L'an 1076, Atsiz, lieutenant de Maleck-Schah, sultan des Turcs , ravage la Terre-Sainte et dépeuple Jérusalem ; il ajoute aux ruines de nouvelles ruines.

L'an 1098 , les croisades commencent dans la Palestine ; la lutte des Chrétiens et des Musulmans cause au pays des maux de toute sorte.

L'an 1244 , les Karismiens font une effroyable invasion; ils détruisent les monuments sacrés de Jérusalem.

L'an 1260, Kerboga, général des Tartares Mogols, envahit la Syrie et ravage la Palestine.

L'an 1517, Sélim-le-Féroce conquiert sur les Mameloucks la Syrie, la Terre-Sainte et l'Egypte.

Ainsi de siècle en siècle les villes de la Terre-Sainte ont souffert le feu et le glaive, et comme les ouragans déracinent les arbres , les invasions ont emporté dans leur cours la civilisation et les arts ; le glaive implacable des conquérants divers a ruiné jusqu'aux ruines elles-mêmes.

VIII.

LA FEMME EN ORIENT.

On ne peut comparer la musulmane à la juive ; celle-ci est douée des vertus domestiques , d'autant plus que Moïse, en fondant le mariage légal , a émancipé la femme abrutie à cette époque chez les nations idolâtres. Combien les femmes juives de l'Evangile sont au-dessus des femmes payennes de la Syrie et de l'Egypte! Mais la femme juive est encore loin des vertus ordinaires à la chrétienne ! C'est que la loi du Christ a brisé le joug humiliant qui pesait sur l'antiquité. Par l'Evangile l'épouse est devenue la compagne de l'époux, et l'égalité morale a été constituée par l'indissolubilité des liens du mariage.

La supériorité de la chrétienne sur la musulmane est si évidente, que les Turcs mêmes lui rendent hommage. Une épouse chrétienne, voilà l'idéal que rêve un jeune Turc. Il arrive souvent dans les grandes villes qu'un musulman aime une jeune fille chrétienne et cherche à obtenir sa main , ce qui est un extrême embarras pour les parents. Voilà pourquoi les quartiers sont séparés et pourquoi les familles chrétiennes dérobent avec jalousie leurs filles aux regards des jeunes Turcs.

Nous pouvons citer comme exemple d'infériorité morale la conduite d'une jeune femme turque, qui était notre voisine à Tabariéh, et je ne veux pas omettre cette scène de voisinage, toute vulgaire qu'elle soit, parce qu'elle caractérise les mœurs locales.

Un père franciscain espagnol du couvent de Nazareth était logé, pendant la saison des bains, dans l'église grecque. Il était venu à Tabariéh quelques jours avant moi, pour y prendre des bains d'eau bouillante, et je m'arrangeai avec lui pour la vie commune et l'heure du repas. Il avait apporté un matelas et il couchait dans cette église syrienne. Pour moi, je continuai de coucher chez l'écrivain de l'aga ; mais je venais m'établir pendant la journée dans l'église, dont j'avais fait mon cabinet d'étude. Le lutrin, couvert d'un missel arabe me servait de table de travail, et le prêtre syrien, grec-uni, m'avait prêté son écritoire. Le moine était établi dans la cour de l'église pendant le jour, et il avait pris à son service un chrétien du pays, pour faire un peu de cuisine. N'ayant d'autre abri que les murs , il lui fallait tourner en cercle selon la position du soleil à l'horizon.

Le plus grave inconvénient de cette vie en plein air venait de la proximité des familles turques qui habitaient les maisons voisines. Les femmes et les enfants nous regardaient pendant le jour du haut des terrasses et nous épiaient pour nous voler pendant l'absence ; à chaque course que nous faisions , nous nous apercevions au retour qu'il nous manquait quelque objet.

Le sens moral n'existe pas chez la plupart des femmes turques indigènes, et si nous n'eussions eu le soin de tenir l'église fermée pendant nos absences , on y eût dérobé peu à peu jusqu'aux moindres choses, qui dans un pays pauvre ont une valeur relative et même des ornements sans aucun prix. Mais comme les enfants, les femmes turques ont envie de tout ce qu'elles voient, et quand elles croient que le larcin restera impuni, elles l'emportent sans pudeur.

Je me rappelle qu'une fois , entre autres , en revenant d'une exploration des hauteurs occidentales du lac , je trouvai le moine aux prises avec une femme turque, à laquelle il redemandait sa natte de papyrus et qui niait le vol en criant et en gesticulant. Il savait assez d'arabe pour menacer, comprendre les injures et y répondre, et puis son cuisinier lui servait d'interprète. Voici comment la natte du père avait disparu ; profitant de son absence ce matin là, pendant qu'il était allé au bain thermal, cette turque effrontée était descendue avec une échelle et avait dérobé cette natte qui lui faisait envie. Le moine étonné de ne plus retrouver sa natte avait soupçonné sa voisine d'avoir fait le coup. En regardant en haut, il n'avait vu que la fille de la voleuse, âgée de 10 ans, et il lui criait de lui rendre sa natte ; l'enfant, à qui la mère avait fait la leçon, niait sans rougir ; mais effrayée des menaces du Franc, qui parlait du Cadi, la mère parut enfin et avoua qu'elle était descendue un moment pour rattraper sa poule qui s'était échappée. La natte que j'ai prise, ajouta-t-elle est la mienne, tombée de ma terrasse. Hé bien, si c'est votre propre natte, dit le père, montrez-la, nous vérifierons votre assertion. Après s'être défendue longtemps, elle se vit obligée de la montrer : le chrétien du pays la reconnut aussitôt pour celle du père et elle fit une restitution forcée.

Il était comique pour moi, témoin de cette altercation prolongée, de voir le père espagnol dans sa cour et la femme turque sur sa terrasse à gauche, tous deux crier et se disputer cette natte qui ne valait pas trois piastres. Cette querelle ne cessa que par la fermeté du père latin. Personne des autres terrasses n'y prit part. Le mari ne parut pas, soit qu'il fût absent, soit que cette femme fût veuve ou répudiée.

Tout fier de l'avoir emporté, le moine me vantait le caractère espagnol. Un Italien, disait-il aurait failli ; mais il faut que les Francs se fassent respecter des Turcs. Il me racontait qu'il avait combattu dans l'armée de la foi, en Catalogne ; il avait sans doute conservé sous le froc pacifique de Saint-François son ardeur belliqueuse, et, pour se tenir en haleine, il guerroyait ainsi à Tibériade avec une femme turque. Comme je le laissai sur les bords du lac, quand je retournai à Nazareth, je ne sais s'il a continué de guerroyer dans la petite cour de l'église Saint-Pierre. Le fait est que c'était chaque jour un nouveau motif de querelle, et qu'il était sans cesse provoqué par la méchanceté des familles turques. Il ne pouvait s'absenter une heure sans qu'on ne lui enlevât quelque chose, et jusqu'à la paille et l'orge qu'on donnait à manger aux chevaux dans la cour, quand il venait un commissionnaire de Nazareth, était enlevé par les femme et les enfants d'alentour.

Cette femme turque allait chaque jour visiter ses voisines ; empressée de leur raconter le spectacle qu'elle avait sous les yeux, et d'autres femmes, attirées sur sa terrasse par la curiosité, venaient partager avec elle le plaisir de rire et de se moquer des deux Franghis. Comme on ne payait point sa place, il y avait presque foule. Ce que comprenait le moins cette coterie ignorante et bornée, c'était mon ar-

deur à écrire ou à prendre des notes sur mes genoux. Ce n'est point un Kétil, disaient-elles ; il n'a point de compte à régler ou d'ordre à transmettre ; ce n'est point un Cadi et il n'a pas de fetvas à écrire : pourquoi donc est-il sans cesse à écrire sans prendre aucun repos ? Elles s'adressèrent à notre cuisinier, afin de satisfaire leur curiosité. Ce hadji, répondit-il, est un savant, un poëte ; mais au lieu de réciter de vive voix des histoires et des poèmes, il les écrit, comme vous le voyez, pour amuser les divans de son pays. Ces musulmanes l'écoutaient avec intérêt, et comme plusieurs avaient entendu des conteurs arabes, cette explication du cuisinier parut les satisfaire.

Cette femme turque, dont j'ignore le nom, pouvait avoir trente ans ; elle paraissait plutôt pauvre qu'aisée, car elle portait des vêtements communs. Sa taille était forte et elle avait un air grossier et des manières triviales. Elle se montrait sans voile à nos yeux et demeurait des heures entières à nous examiner, soit que nous mangions, soit que le moine dit son office, soit que j'écrivisse ou que je lusse. Elle se tenait en silence ; mais parfois elle faisait la conversation avec le cuisinier chrétien ou avec le guide qui venait le matin me prendre pour faire des courses. Ceux-ci nous répétaient ensuite les naïves questions qu'elle leur avait adressées à notre sujet. C'étaient des pourquoi, des comment dont ils se délivraient en souriant par la réponse banale : c'est l'usage de leur pays. Elle s'étonnait surtout de ce que nous ne fumions pas la pipe.

Elle couchait la nuit sur la terrasse, en étendant une natte, et au point du jour elle se levait, peignait sa fille et faisait sa toilette sans s'inquiéter d'être vue ou non. Des voisines en faisaient autant, et les voix se répondaient d'une terrasse à l'autre. Comme toutes étaient oisives et curieuses, les spectacles que nous leur donnions, par nos mœurs d'Europe et des usages si étranges à leurs yeux, les occupaient toute la journée. Il en était de même pendant toute la saison des bains et tant que des Francs séjournaient dans la cour et dans l'église grecque, qui sert de kan aux pélerins ou aux baigneurs.

Chose étrange dans cet Orient, où la foi a eu son berceau, cette femme turque ne faisait aucun acte extérieur de culte. Il est vrai que Mahomet a exempté les musulmans des cinq prières par jour auxquelles sont assujétis les fidèles croyants ; mais elle eût pu à son réveil faire prier sa jeune fille. Il était si doux en Europe de voir une mère enseigner la prière à son enfant ! Cette femme ne savait même pas prier Dieu, toute à sa vie sensuelle. On voit combien est défectueuse l'éducation morale en Turquie, où les femmes sont laissées pour ainsi dire à l'instinct et aux soins matériels. De là ressort la supériorité intellectuelle de la chrétienne sur la musulmane. Par l'éducation, la chrétienne est digne dans la famille d'être la compagne de son époux ; elle a conquis par la vertu l'égalité morale.

Quand j'avais causé d'une manière intéressante, la veille, dans la soirée, avec la femme du vieillard maronite, qui sans avoir de l'instruction, avait beaucoup d'éducation, et que je venais le matin à l'église grecque, le moine ne manquait pas de me raconter quelque nouvelle malice de sa voisine turque. Alors ce contraste du vice et de la vertu m'impressionnait de nouveau comme la première fois, et je voyais reluire avec plus d'éclat encore le mérite de la mère de famille chrétienne. Et comment la musulmane assujettie à la polygamie, à la réclusion plus ou moins étroite, à un servage moral qui la dégrade, pourrait-elle se relever de l'avilissement ? Ah ! si la chrétienne est digne d'hommage, c'est qu'ayant un modèle parfait dans la mère du Christ, elle aspire à l'imiter dans ses vertus. La grâce et la douceur, le calme et la modestie, la satisfaction intérieure, le dévoûment aux devoirs, poussé souvent jusqu'à l'héroïsme, en un mot, l'ensemble des vertus qui formait les attributs de la Vierge Marie sur la terre, voilà ce qui élève la chrétienne jusqu'à la hauteur des cieux.

IX.

LE HAREM DE L'AGA.

L'Orient est dévoré par deux plaies mortelles, qui mettent obstacle à tout progrès social depuis une suite de siècles : la polygamie et l'esclavage. La première plaie est invétérée en Asie ; mais il ne faut pas en accuser Mahomet, qui, la trouvant trop profonde, ne chercha pas à la cicatriser et même céda à l'abus par faiblesse humaine. Du moins il essaya de limiter le nombre des femmes, qui était arbitraire. Il le réduisit à 4 épouses au plus : c'est la loi actuelle chez les Turcs.

Il s'exprime ainsi dans son Coran : Employez vos richesses à vous procurer des épouses chastes et vertueuses. Evitez la débauche.

N'en épousez que deux, trois, ou quatre ; si vous ne pouvez les maintenir avec équité, n'en prenez *qu'une* ou bornez-vous à vos esclaves.

Il dit plus loin. N'épousez les esclaves qu'avec la permission de leurs maîtres. Dotez-les avec équité. Puis il ajoute : vous ferez bien d'éviter ces mariages.

Ch. 4. *les Femmes.*

Les Arabes condamnaient à mort la femme adultère ; Mahomet plus indulgent ordonne la peine de la réclusion. Il veut que la coupable soit privée, en punition de sa faute, de la permission de sortir du harem ; l'influence de l'Evangile se fait sentir dans cette législation.

Quant à l'esclavage, cette seconde plaie sociale, Mahomet le trouvant établi, ne l'abolit pas ; mais il prescrit des règles d'humanité. Une des dernières actions de sa vie fut de donner la liberté à ses esclaves. Cette leçon semble suppléer à l'omission de la loi de liberté.

Ainsi l'islamisme fut un progrès sur l'état social des Arabes du temps. Malheureusement l'Orient musulman est resté stationnaire depuis l'hégire.

Le tableau d'un harem fera mieux ressortir les vices de l'état social que les raisonnements les plus clairs.

Le sérail de l'aga était une grande maison de pierre, composée de deux étages avec une plate-forme. Au rez-de-chaussée étaient des écuries et des magasins ; au premier deux appartements, où l'on montait par un escalier de pierre. Dans l'appartement de devant, où était le divan ou salle d'audience, habitait l'aga, qui la tenait ouverte à tout le monde, car en Orient un gouverneur ne refuse pas d'écouter le dernier des mendiants qui demande justice. Dans l'appartement de derrière, donnant sur le jardin, sont recluses les femmes avec les esclaves et les enfants. Cette partie réservée du sérail est le *harem*, c'est-à-dire le sanctuaire domestique, le mot arabe harem signifiant lieu à l'abri des profanes. Le harem est un appartement où l'on ne voit pour tout luxe que des sofas, des coussins et quelques tapis de Perse. Les fenêtres n'ont pas de vitres, mais des châssis de toile ou des carreaux de papier. L'été les insectes abondent, l'hiver la pluie et le vent pénètrent partout. Les murs sont nus et la malpropreté causée par l'incurie et par les ordures des enfants y est excessive. Aussi est-il d'usage que le maître de la maison se tienne le jour dans son divan et y couche la nuit sur un tapis ; ses visites au harem se font dans l'après-midi, et il y reste le moins possible, afin d'éviter les criailleries des femmes, toujours en querelle, et le bruit des enfants indisciplinés. On ne connaît point en Syrie la douce intimité de famille et encore moins les agréments de la vie commune, qui délassent l'époux de l'ennui des affaires. Ce qui augmente le désordre continu du harem, c'est le pêle-mêle des gens qui y sont renfermés dans un étroit espace : femmes légitimes, esclaves, enfants de tout sexe et de tout âge jusqu'à 12 ans, ayeules, tantes, orphelins, etc. Chaque mère y nourrit ses enfants pendant deux années et on n'y voit jamais de nourrices étrangères que par exception. Les soins maternels sont une occupation qui absorbe jour et nuit la femme turque, et comme chez les Juifs, la stérilité est un opprobre.

La douceur des Turcs pour les esclaves domestiques est exemplaire ; mais la familiarité des gens de la maison est si grande avec les maîtres qu'elle passe toute mesure. Et comme la maîtresse de la maison vit sur un pied d'égalité avec ses esclaves, celles-ci deviennent peu dociles et ce sont des cris et des menaces sans fin. Tous les jours recommencent entre les esclaves des querelles interminables, que la maîtresse ne peut apaiser. Les disputes dégénèrent souvent en rixes et le bruit intérieur ressemble à celui du sabbat, tel que se l'imaginait le moyen-âge. Cet état d'anarchie ne peut plaire au mari, obligé quelquefois de recourir au bâton pour rétablir la paix ; aussi préfère-t-il passer la journée sur son divan, le chibouk à la main, et dans la compagnie paisible de quelques amis, laissant là surveillance du harem à un esclave qui a sa confiance. Nous voyons dans la Bible que Putiphar se reposait ainsi sur Joseph de l'administration de sa maison, et comme rien ne change en Orient, il en est encore de même au 19ᵉ siècle.

Mais, dira-t-on, ces femmes recluses n'ont-elles pas d'occupation ? Livrées à une honteuse oisiveté, elles ne pensent à rien et sont nulles sous le rapport intellectuel. Leur unique distraction est la toilette. La conversation la plus frivole ou la moins pudique, le récit des contes, des jeux d'enfants occupent leurs loisirs. La toilette est souvent ridicule ; elle réunit les extrêmes, les diamants et les loques, le luxe raffiné et la misère; elle dénote une complète absence de goût; mais elle ne peut faire obstacle à la beauté naturelle. La beauté en Asie est un fruit du climat : elle est merveilleuse ; mais le temps la détruit rapidement. Elle passe avec une si effroyable rapidité qu'à 30 ans une femme musulmane est déjà vieille. En Orient l'éclat de la beauté n'a qu'une saison comme les fleurs. Seulement les chrétiennes, ayant la supériorité morale, conservent plus longtemps les avantages de leur sexe. Des abus de toutes sortes rendent précoce la vieillesse des femmes turques. Le vice est puni dès cette vie par ses propres excès. Comme trop souvent elles ont été mauvaises filles, elles sont ensuite mauvaises épouses et indignes mères; l'ennui et les remords les déchirent ; la jalousie est un tourment qui s'ajoute à l'ennui. Dédaignées, sacrifiées à des rivales, elles expient cruellement les maux qu'elles ont fait souffrir à des victimes de leur haine ou de leur envie, quand elles étaient dans la fleur de l'adolescence. La jalousie les mine comme un feu lent et les conduit fréquemment à la tombe avant l'âge. Il se passe dans les harems des drames mystérieux dont le dénoûment est horrible, mais que l'ombre étouffe dans un profond secret.

Jetons un voile sur les turpitudes dont la cause est due à la polygamie et à l'esclavage. La famille n'existe qu'en apparence chez les Osmanlis, dont les harems sont des foyers de corruption. Les Musulmanes élevées dans ces ombres funestes sont paresseuses, gourmandes, vindicatives et d'une ignorance incroyable. Les chrétiennes, qui reçoivent l'instruction religieuse, se respectent et ont les qualités morales de fille, d'épouse, de mère ; mais les femmes turques que Mahomet a dispensées des prières et des obligations du culte n'ont aucune idée des devoirs sociaux. Elles sont bornées à l'instinct et à l'inspiration naturelle.

Elles peuvent s'élever au sentiment, mais non à la notion. En Syrie, l'éducation est tellement bornée, même chez les chrétiennes, que je n'ai pu rencontrer, en parcourant l'intérieur du pays de Jérusalem à Damas, une seule femme qui sût lire. Et si un Franc s'en étonne dans une ville orientale, en présence des indigènes, ils répondent gravement que la lecture est inutile à une femme et qu'elle n'a nul besoin d'être savante. Réponse qu'on dirait empruntée à une comédie de Molière. Du reste cette opinion s'explique parce que les Almées ou savantes, vouées à la poésie et à la danse dans les grandes villes de l'Orient, sont des comédiennes de mauvaises mœurs, qui font métier d'égayer les cérémonies de mariage au Caire ou à Damas, en représentant des pantomimes érotiques. De là le mépris de la poésie et de la danse et le discrédit où est tombée la science féminine en Orient.

L'appartement des femmes dans une maison turque est ordinairement entouré d'une cour et d'un jardin muré, où elles peuvent s'ébattre en liberté loin de tout regard importun. Une fontaine avec un bassin d'eau limpide, qui sert aux irrigations, voilà le seul ornement du jardin planté de figuiers, d'orangers et de citronniers. On s'y repose sous de grandes treilles en berceau, en écoutant de loin les bruits du lac et en respirant les brises balsamiques qui viennent rafraîchir un air embrasé. C'est là qu'on peut goûter en paix un délicieux repos et contempler un coin du ciel au delà des limites d'une clôture monotone.

Je ne veux pas ajouter à ces détails d'intérieur ni raconter ici la touchante histoire d'une belle grecque, faite esclave dans l'horrible sac de l'île de Scio et qui avait vu périr sous le cimeterre des Turcs son père et sa mère. Achetée au bazar de Saint-Jean-d'Acre, par l'aga de Tabariéh, et transplantée loin de la Grèce sur les bords du lac évangélique, du moins la rive pouvait lui rappeler les souvenirs des plages de la belle île où elle avait passé son enfance. Renfermée dans le harem, on ne l'avait point forcée d'embrasser l'islamisme ; elle avait pu garder la foi chrétienne et adresser de cet exil une prière au Christ et à la Vierge Marie. Mais la jalousie des autres femmes de l'aga, qui portaient envie à sa rare beauté, l'avait abreuvée d'amertume. Atteinte de la fièvre intermittente, les regrets de la patrie lui avaient porté le dernier coup. Après avoir langui longtemps dans l'ennui, sans vouloir être consolée, elle expira de l'excès de sa mélancolie, nommant à sa dernière heure sa chère île et les doux lieux de son pays natal.

La jeune femme de l'écrivain Saba, mon hôte, qui avait souvent fait des visites dans le harem à cette triste compatriote de l'antique Homère, me disait qu'elle avait essayé quelquefois de la consoler. Mais peut-on consoler un grand cœur de la ruine de sa patrie ? Quand j'avais l'occasion de l'interroger, en causant des mœurs locales, elle m'a racontait de singulières circonstances de la vie intime des femmes et de curieuses anecdotes. C'est à elle que je dois une grande partie des faits rapportés dans ma narration.

On voit que la vie intérieure des femmes du harem ne peut être un objet d'envie pour une dame d'Europe, qui sent sa dignité morale. Le malheur des femmes dans le vieil Orient, toujours immobile, c'est que les hommes les méprisent comme des êtres inférieurs et les traitent comme des enfants capricieux et fantasques, qui manquent de bon sens. Il y a loin de là à la peinture des Mille et une Nuits, que l'imagination embellit encore; telle est la réalité des choses, et il faut renoncer aux tableaux de fantaisie, si on veut se faire une idée exacte de cette vie monotone et enfantine. On ne peut voir dans les harems turcs qu'un grossier sensualisme, et rien d'idéal.

X.

HOSTILITÉ DES ENFANTS TURCS.

Les bords du lac autour de Tabariéh sont couverts de pierres entassées et de débris de tout âge, et en les voyant on se rappelle les paroles du Christ adressées au premier des apôtres :

Tu es pierre, et sur cette pierre je bâtirai mon église.

Bâtie sur les bords du lac, dans le lieu où Jésus apparut au grand apôtre, l'église primitive avait été détruite. Elle est remplacée par une synagogue qui est redevenue l'église actuelle de Saint-Pierre. C'est aujourd'hui la paroisse pour les deux cents chrétiens qui habitent Tabariéh. Ce sont des Grecs unis, soumis à l'autorité du Pape comme les Maronites du Liban. Loin d'être schismatiques, ils se nomment eux-mêmes catholiques. Ils suivent le rite grec en célébrant leurs offices. Ils ne sont point molestés pour fait de religion ; mais on ne leur permet point d'avoir ni une cloche ni aucun signe extérieur. Le chœur n'est point séparé de la nef est fermé pendant la messe, pour ne s'ouvrir qu'au moment de la communion, ainsi que l'exige le rite grec.

Le cimetière des Chrétiens, placé comme celui des Juifs hors de l'enceinte de la ville, est un terrain qui n'est point enclos et qui ne se reconnaît qu'à des sillons de gazon régulièrement espacés. Il n'y a ni pierres tumulaires ni croix. Les Turcs ne le permettraient pas; mais ils laissent toute liberté de conduire les morts à la sépulture avec des chants funèbres. On voit ici trois cimetières ; celui des Osmanlis a seul des pierres funéraires ; mais il n'est pas planté de cyprès; quelques plantes spontanées en sont le seul ornement.

La première chose qu'on remarque en voyageant dans la Terre-Sainte, c'est la différence tranchée qui sépare les rayas des Turcs, comme au moyen-âge, en France, le costume distinguait le baron du vilain. Ici chaque classe a son vêtement spécial, varié de couleur. Le Grec se distingue de l'Arménien et le Maronite de l'Arabe ; la femme chrétienne ne ressemble en rien à la femme turque. Pour celle-ci, le voile est d'obligation, soit dans les rues, soit au bazar ; pour l'autre, le voile n'est que de convenance au dehors.

Au bazar, où tout le monde se rencontre, on distingue un raya d'un musulman à la couleur de la *cesse* de turban, toujours brune ou d'une teinte sombre. Les Turcs s'arrogent le privilège de porter seuls un châle blanc roulé autour du *fez* ou bonnet africain. Les prétendus *cousins* du prophète portent avec ostentation un turban orné d'un châle vert ; c'est la plus noble distinction ; et, si un Chrétien osait s'en parer, il serait victime du fanatisme populaire. Les Juifs, plus avilis encore, ne peuvent porter qu'un châle noir. Ainsi la couleur distingue les trois cultes en Orient.

Les Turcs sortent toujours armés ; mais les Chrétiens n'ont pas le droit de porter des armes. En qualité de Franc, j'avais le privilége d'aller partout avec des armes. D'ailleurs j'étais un *hadji el ods* c'est-à-dire un pèlerin de la ville sainte ; mais quoique ce titre soit une sauvegarde, je n'en étais pas moins exposé à de fâcheuses rencontres. Si j'avais dit aux Turcs de Tabariéh que j'étais venu en Orient pour étudier les ruines, éclairer les faits des croisades, faire des recherches scientifiques, commenter la Bible, etc. ils n'auraient rien compris à ce discours. Mais en me donnant comme pélerin, je me mettais à la portée de tous. Toutefois, quoique mis à l'abri par ce titre révéré, je n'en étais pas moins en butte à des inconvénients sans terme au milieu d'une ville fanatique. Ma position était fausse et il me fallait payer moi-même de ma personne : *Audaces fortuna juvat*. Les graves Osmanlis se contentent, il est vrai, de jeter sur le Franc des regards furieux, qui veulent dire : pourquoi ce chien de chrétien est-il venu dans notre pays pour nous espionner ou pour découvrir par la science les anciens trésors cachés dans les ruines? Mais il n'en est pas de même des enfants turcs, qui sont en hostilité ouverte par préjugé et par éducation et qui croient qu'il est juste de faire à un Franc tout le mal possible. La haine religieuse accroît ainsi chez eux ce mauvais instinct qui leur est naturel.

Cet âge est sans pitié, a dit La Fontaine. La crainte seule les tient en respect, comme le prouve le trait suivant, qui peint les mœurs locales.

Un soir, c'était le lendemain du jour où avaient commencé en plein air les réjouissances nuptiales dont je donnerai plus tard la description ; j'assistais à la *fantasia* en compagnie de chrétiens et de juifs, attirés là comme moi par la curiosité. Tout-à-coup, au moment le plus intéressant de la fête, je me sentis blessé à la tête d'un coup de pierre et je manquai d'être tué par des enfants turcs, que la vue de mon habit franc et surtout du chapeau avait rendus furieux. Après s'être abrités derrière le petit mur d'une cour, ils avaient gravi un monceau de décombres, et delà ils s'amusaient à me lancer une grêle de cailloux, en répétant : « Que Dieu maudisse les Francs. » De ce poste inexpugnable, ils ne cessaient pas leurs attaques, quand le maître de la maison, qui les laissait faire sans mot dire, me voyant approcher pour avoir raison de ces vauriens, les fit s'enfuir à mon approche et vint les excuser en me disant que c'était la première fois que ces enfants voyoient un Franc. Le chrétien qui me servait d'interprète exprima mon indignation en rude arabe. Le maître de la maison ne répliqua rien et il fallut en rester là comme de coutume. L'impunité est acquise aux enfants turcs, car les parents trouvent bon qu'ils se plaisent à molester les chrétiens. Si cette insulte de quelques vauriens fût allée jusqu'à un accident plus grave, si le coup de pierre eût été mortel, les Turcs de Tabariéh se fussent bornés à répéter de sang froid, en foulant ma tombe dans le cimetière chrétien : « C'était écrit. » Ils auraient ajouté : « Un Franc a été tué ici par une pierre que lui a jetée un enfant; il paraît qu'il était venu de son pays à Tabariéh exprès pour y mourir de cet accident ; il a rempli sa destinée devant Dieu : tout est écrit là-haut dans le livre de vie. »

L'homme porte son sort attaché au cou, dit le Coran.

Les Turcs, en effet, croient à la prédestination absolue. Ils sont fatalistes.

Ce trait de mœurs, que je choisis entre mille, prouve qu'elle prudence doit apporter, dans ses relations avec les indigènes de la Syrie, un voyageur franc qui pénètre dans l'intérieur des terres. Il faut apprendre à chaque pas à faire un long usage de la patience, cette vertu des vertus. Un voyageur franc doit savoir, pour peu qu'il ait visité Jérusalem et les petites villes de la Terre-Sainte, que tout est permis aux enfants turcs à l'égard des étrangers comme à l'égard des rayas des diverses races. Syriens, Grecs, Arméniens ne sont à leurs yeux que des chiens d'infidèles ; leur contact seul souille un vrai croyant. Avec de pareilles mœurs, combien il est difficile de fonder en Orient l'égalité civile! En Syrie, le préjugé sépare les races, comme dans l'Inde il sépare les castes. La loi du Christ seule, en triomphant de la barbarie et de l'islamisme, pourra réaliser un jour le progrès social.

Dans la Bible il est souvent question de lapidation; c'était même une variété des nombreux supplices en usage dans l'antiquité. Alors que la législation orientale était si cruelle, la loi de Moïse ne pouvait être encore adoucie ; aussi voyons-nous la foule se faire bourreau, depuis Naboth jusqu'à St. Etienne. La lapidation était

une peine indiquée par la constitution géologique de la Palestine. Il n'y a pas, en effet, de pays au monde où il y ait une plus grande abondance de pierres. Les montagnes sont des rochers, les vallons des ravins où se roulent des torrents ; aujourd'hui que le pays est à demi-désert, partout où furent des villes, il y reste pierre sur pierre, excepté dans l'enceinte où fut le temple de Jérusalem !

Comme le disait le bon M. Michaud : « Dans la Judée je n'ai pu bien comprendre cet adage : malheureux comme les pierres, que depuis que je voyage dans les régions bibliques, où je vois partout des ruines et tant de pierres de tous les âges placées et déplacées sur le sol selon le caprice du temps. » Moi-même je me suis dit quelquefois, à l'aspect des monceaux de pierres qui obstruent les environs de Jérusalem, qu'il serait curieux de faire l'histoire de ces débris ayant passé tour à tour du service de Dieu au service des idoles et du temple payen au sanctuaire chrétien. Telle ruine a été employée successivement aux usages les plus divers par les Juifs, les Grecs, les Romains, les Arabes, les Turcs, etc. ; elle a été synagogue ou mosquée, sépulcre ou autel, aussi inconstante dans son inertie que les hommes eux-mêmes dans les révolutions. Qu'on se rappelle La Fontaine :

Un bloc de marbre était si beau,
Qu'un statuaire en fit l'emplette.
Qu'en fera, dit-il, mon ciseau?
Sera-t-il dieu, table ou cuvette?

Quant à cette dangereuse habitude qu'ont les enfants turcs de jeter des pierres aux Francs, elle est générale en Turquie. A Constantinople même, où on voit beaucoup d'étrangers, on ne peut passer auprès d'une école musulmane, à l'heure où les enfants en sortent, sans s'exposer à être lapidé. A Jérusalem, tous les pèlerins sont poursuivis à coups de pierres. Le père franciscain qui fait les fonctions de curé à Jérusalem, a été tellement persécuté dans les rues de la sainte cité, par les enfants des écoles turques, qu'il en a perdu un œil. Je ne puis, me disait-il, sur la terrasse du couvent de Saint-Sauveur, un jour que je le plaignais, tout en admirant son zèle infatigable et son dévouement héroïque en temps de peste, je ne puis paraître aux abords du quartier turc, sans m'entendre injurier et sans être accablé par les enfants d'une grêle de pierres. Je voudrais pourtant bien, ajouta-t-il en souriant, conserver le seul œil qui me reste.

Autrefois on disait dans les litanies en Occident : *A furore Normanorum, libera nos, Domine.* En Orient il faudrait dire : délivrez-nous, Seigneur, de la fureur des enfants turcs.

Le père Desmasures arrêtait les coups de pierres, quand il visitait les sanctuaires de Jérusalem, en prodiguant les *paras* aux enfants qui le poursuivaient. Mais tous les pèlerins ne sont pas assez riches pour acheter ainsi la paix à prix d'argent. Et puis ce serait ressembler aux Romains de la décadence qui achetaient honteusement la paix des *Barbares* !

XI.

LA MOSQUÉE DE DAHER.

Après avoir visité le Ghetto, il me restait à voir en détail le quartier turc, qui y touche au midi et qui occupe également la rive du lac. Plus vaste et tout-à-fait irrégulier, il renferme un dédale de petites rues et les deux tiers de la population de la ville. Comme je désirais voir tour à tour la mosquée, l'école, le bain et le bazar, pour être plus libre de satisfaire ma curiosité de voyageur, je choisis l'heure de midi, pendant laquelle les Osmanlis sont occupés dans l'intérieur de la mosquée à la principale prière, lorsque le Muezim fut monté à la galerie du minaret et eut crié en se tournant vers les quatre points cardinaux : Dieu est Dieu, et Mahomet est son prophète, venez à la prière.

Nous attendîmes encore un peu, mon interprète et moi, avant d'entrer dans le quartier turc, et nous nous dirigeâmes à pas lents vers la mosquée. Je ne voulais pas y pénétrer, mais seulement la considérer à loisir du dehors; et cependant bien m'en prit de me faire accompagner d'un homme initié aux mœurs locales. Mon interprète, qui était un chrétien indigène, avait plusieurs fois conduit des Anglais sur les bords du lac. Vous êtes le premier Français qui soit venu visiter Tabariéh, me disait-il; on n'y voit que des voyageurs anglais ou allemands. Parce que ce jeune chrétien qui, outre l'arabe savait le turc et l'italien, s'était mis au service des Francs, il était mal vu des Turcs, qui le lui faisaient sentir à l'occasion.

Les détails qu'il était à même de donner sur le pays déplaisaient fort aux Musulmans toujours défiants et soupçonneux. A leurs yeux, tout étranger est une sorte d'espion venu pour nuire plus tard à l'islamisme. Cette malveillance des Turcs le rendait des plus circonspects, et il se tenait sur la réserve comme le soldat en pays ennemi. Il savait prévenir le péril par l'expérience qu'il avait des mœurs locales : aussi je n'ai été exposé à des extorsions et de fâcheuses rencontres que lorsque j'ai fait seul des promenades ou des courses sur les rives du lac. Il était donc pour un étranger, trop souvent imprudent, un vrai mentor, et il en faisait l'office à propos; à moins d'être Anglais, on cédait facilement à ses bons conseils, exprimés d'un ton doux et persuasif. Un tel interprète est précieux dans les relations avec les Turcs, même quand on connaîtrait bien la langue arabe, à cause des difficultés diverses qui peuvent surgir d'un contact immédiat. On est heureux, dans ces circonstances, d'avoir un intermédiaire calme, qui traduit soit les faits, soit les paroles et les adoucit par le ton et l'expression avec tout l'art d'un diplomate.

Nous remarquâmes en parcourant les petites rues qui environnent la mosquée, les principales maisons du quartier turc. Plusieurs passent pour belles, sans mériter l'attention du voyageur.

Il n'y a qu'un serraï à Tabariéh, c'est celui de l'aga ou Mutselim dont j'ai décrit le harem. Les principales maisons du quartier turc sont celles du Cadi, de l'Iman de la mosquée, du capitaine des janissaires, du Codja ou maître d'école et du fermier du Bazar, les maisons des ayans ou principaux Turcs n'étant pas plus belles que celles des juifs du Ghetto. Les harems à Damas et à Jérusalem sont clos à tous les regards; mais à Tabariéh, ville sans mouvement, le quartier musulman n'est point exposé à la curiosité, puisqu'on ne voit que peu d'étrangers et encore uniquement pendant la saison des bains. De là un laisser aller ordinaire. Les murs des petits jardins sont peu élevés, toutes les habitations des femmes sont au rez-de-chaussée, tandis qu'à Jérusalem elles sont au premier étage ; souvent la porte d'entrée n'est pas même fermée. Ajoutons que les serrures et les clefs ne sont point en fer, mais en bois dur : aussi voit-on souvent la porte ouverte sans souci du dehors.

Les harems des quartiers turcs sont des maisons à rez-de-chaussée avec des terrasses solidement voûtées. De petits jardins ou de petites cours les précèdent, les fenêtres des maisons musulmanes ne devant pas donner sur la rue. Le luxe n'existe pas dans les petites villes, et on n'y voit pas, comme à Damas, des galeries intérieures, des compartiments de pavés en marbres de couleur, des fontaines jaillissantes avec des bassins. A Constantinople même on distingue deux sortes d'habitation. Les pachas et les agas possèdent des palais divisés en deux parties, dont l'une, du nom de serraï, est ouverte à tout le monde, et dont l'autre, placée ordinairement plus en arrière, est le harem, demeure mystérieuse réservée aux femmes. Les particuliers n'ont qu'une maison plus ou moins modeste, où habite la famille. Une salle en est réservée pour recevoir les étrangers, sans communication avec l'intérieur. Les femmes qui occupent l'étage supérieur ou des pièces reculées au rez-de-chaussée ne paraissent jamais dans la salle, qui sert de divan. Toutefois, au moyen de hautes-fenêtres garnies d'un treillage, elles peuvent tout voir et tout entendre, quand le maître du logis reçoit des étrangers. De cet observatoire les femmes peuvent, en restant invisibles, satisfaire leur curiosité et connaître tout ce qui se passe dans le divan. Dans les maisons des particuliers, tout est donc harem, excepté la salle de réception : c'est dans cette pièce commune que l'osmanlis reçoit les visites et traite des affaires. Il peut aussi y donner l'hospitalité à un étranger sans déranger en rien l'ordre de sa maison.

Entre midi et une heure, tout est silence et solitude dans les petites rues irrégulières qui conduisent du quartier des chrétiens à la mosquée. C'est un petit édifice avec un dôme et un minaret peu élevé. L'architecture n'a rien de remarquable. L'intérieur de l'édifice était rempli de dévots musulmans et sur un regard de mon interprète, je ne m'arrêtai devant la porte ouverte que le temps de plonger un regard jusqu'au fond. Plusieurs fois j'avais vu des intérieurs de mosquée. Des tapis de Perse ou des nattes d'Egypte, des lampes suspendues à la voûte, des inscriptions en or mises sur les blanches murailles, une chaire pour la lecture du Coran, une niche pratiquée dans la paroi méridionale pour indiquer la position de la Mecke au Turc en oraison, voilà ce qu'on peut y remarquer à la première vue. Cet édifice est une fondation du cheik Daher, et il n'y en a point d'autre dans la ville.

A la mosqnée est annexée une école d'enfants confiée à un Codja ou maître d'école arabe, sous la direction de l'Iman, qui surveille l'enseignement élémentaire. Si les Osmanlis reçoivent dans cette école les premiers éléments de la lecture et de l'écriture, ils méprisent d'autant plus les Chrétiens indigènes qui n'ont aucune teinture des lettres et dont l'ignorance est honteuse. De là leur infériorité civile dans les pays ou l'influence de l'Europe ne s'est pas encore fait sentir. Quant aux Juifs, ils ont deux écoles ; mais leur instruction est bornée à l'étude de la Bible, comme celle des Turcs à l'étude du Coran. La religion est en Orient la science unique. L'histoire et la géographie y sont inconnues, au point que le sultan passe à leurs yeux pour l'empereur du globe et qu'en dehors de l'empire turc ils n'admettent que des princes rebelles ou de petits rois tributaires. Et en effet, les préjugés des Osmanlis, propagés par l'ignorance générale, sont partagés par les rayas grecs, arméniens et syriens qui en sont les plus déplorables victimes. Cette ignorance, transmise de génération en génération, est pour l'Orient un fléau plus pernicieux que la peste.

XII.

LE CAFÉ DU BAZAR.

De la mosquée de Daher, nous nous rendîmes au bazar, où se trouvaient des marchands d'étoffes de l'Asie et de l'Europe: un armurier, un bacal ou épicier, un barbier, un marchand de fruits, un boucher, un changeur de monnaies. On vend au bazar des fruits de la saison, pastèques, grenades, raisins, olives, du miel, du riz, de petits pains. Il n'y a point de marché régulier, et chacun se pourvoit au bazar des provisions nécessaires. Le matin du vendredi, il y a foule au bazar. Les Juifs ont un boucher particulier, à cause des prescriptions de leur loi : le changeur est toujours juif, car ce sont les Juifs qui font la banque, étant en relation avec Damas par Safad. Mais le trafic est caché, dans la crainte d'une avanie; car leur position

est restée en Turquie ce qu'elle était en Europe au moyen-âge. Ils dissimulent donc les profits de la banque et paraissent sales et misérables. C'est ainsi qu'ils parviennent à échapper par la ruse à la cupidité des Turcs.

C'est au bazar qu'on peut voir réunis les différents types des races indigènes. On y peut rencontrer des Damascains, des Naplousains, des Arabes de Ghoré et des Bédouins du Désert en même temps que des soldats Albanais de l'Aga, des Grecs de la Décapole et des Métoualis des montagnes de Tyr.

Mais, après avoir parlé des Juifs et des Osmanlis, j'ajouterai un mot sur les Chrétiens indigènes, qui appartiennent au rite grec. Peu nombreux à Tabariéh, ils y ont été attirés, il y a cent ans, par le cheik Daher, restaurateur de l'agriculture et du commerce dans la Galilée, en proie à cette époque aux ravages des Arabes. Les Chrétiens de la Galilée descendent de cette race syrienne que la Bible nomme race d'Aram. Ils n'ont rien de grec ni de romain et leur physionomie est caractérisée par des signes qui semblent reculer leur origine jusqu'aux Chananéens. Le type Phénicien persiste en effet dans la Galilée, comme on peut le remarquer chez les Maronites du Liban septentrional et chez les Métoualis des montagnes de Tyr. En général, les Syriens, plus petits que les Arméniens, mais bien constitués, rappellent la race Aramique, observation que j'ai pu faire également à Nazareth et à Saint-Jean-d'Acre. C'est dans toute la Galilée un flot de l'intérieur du pays qui a remplacé les antiques habitants juifs et gentils. Mais si les villes sont syriennes, les villages sont arabes.

Chose singulière, c'est le désert qui peuple la lisière de la Palestine, et les nomades devenus sédentaires, repeuplent alors tous les villages abandonnés par les Syriens, à la suite des guerres intestines qui sont la ruine des campagnes en Turquie. Comme on trouve le type arabe chez les fellahs de Hittin et de Cana, on comprend que les nomades devenus colons ont remplacé au moyen-âge les anciens habitants juifs, grecs, syriens, refoulés vers la côte, émigrés ou exterminés par les révolutions des Perses et des Turcs et autres barbares. Le sang grec, qui dominait sous les Séleucides, s'est effacé dans la Galilée; mais il persiste dans toute sa beauté au-delà du Jourdain. La Décapole garde encore des débris des colonies grecques introduites à Bostra, Gerasa, Ammon, Philadelphie, comme l'attestent les monuments de la période séleucienne.

En résumé, les habitants de Tabariéh peuvent être ramenés, sous le point de vue ethnographique, aux trois races issues de Noé. Les Juifs à la race Sémitique, les Syriens à la race de Cham, père des Phéniciens, les Osmanlis à la race Japhétique. Tous appartiennent à la race Caucasique ou blanche. La race noire d'Afrique, qui fournit les esclaves de la Palestine, est étrangère à la Syrie. Elle a pu être modifiée à la longue dans l'intérieur de l'Afrique par une cause accidentelle de climat, de nourriture et de maladie héréditaire. Il a fallu des circonstances exceptionnelles pour qu'une branche de la race de Cham devînt une telle variété; et il me paraît démontré, d'après l'étude des divers types qui se rencontrent dans la Syrie, que si la descendance de Noé, sortie de l'Arménie, avait pu rester limitée entre la chaîne du Caucase, les mers Méditerrannée, Noire, Caspienne et des Indes, elle n'eût jamais dévié au point de produire la race noire.

Les Turcs de souche scythique, race laide et disgracieuse, se sont modifiés par la fusion avec la race grecque. Le climat, les habitudes de la vie, la nourriture ont beaucoup d'influence sur le développement physique et moral. — Les Turcs sont plutôt frugivores que carnivores, ainsi que les Arabes. Du pain, du riz, du lait, des légumes, des fruits, voilà leur nourriture habituelle; pendant quatre mois ils ne mangent que du pain et des raisins... Aussi le métier de boucher est-il peu lucratif. Le mouton est presque la seule viande qui se débite à l'étal. Le Turc fournit les familles chrétiennes. Ce n'est qu'à l'époque du Beiram, qui est la pâque musulmane, que les Osmanlis mangent des moutons et en font des achats pour les harems.

Le bazar est construit en pierres; les voûtes en sont solides et il ressemble à celui qu'a fait construire à Saint-Jean-d'Acre le fameux Dgezar-Pacha; mais il est moins vaste. Le modèle en a été pris probablement à Jérusalem. Le soir on en ferme les portes pour la sûreté des marchands. Après avoir étudié tous les édifices du quartier turc, il ne nous reste plus qu'à dire un mot des bains d'étuves situés tout auprès. Les indigènes s'y font servir pour un prix minime avec un luxe oriental. Les plus riches se font masser après le bain par des servants qui souvent poussent la complaisance au-delà des bornes de l'honnêteté. C'est un usage introduit par la mollesse raffinée et aussi ancien que la société asiatique. En général les Francs rougissent de ce sybarisme et se refusent à employer le service honteux des masseurs. Il ne faut pas confondre cet établissement, chauffé par l'art, avec le bain thermal, qui est en grande réputation, et dont j'aurai à parler avec quelque détail.

Du bazar nous allâmes à quelques pas nous asseoir sur le divan du café qui en porte le nom. C'était une grande salle avec des ouvertures garnies de treillis en bois ingénieusement travaillés. Ce café est bien aéré, ayant vue sur le lac, dont la brise le rafraîchit de neuf heures à quatre heures. C'est là que se rassemblent, dans l'après-midi, les oisifs de la ville, toujours avides des nouvelles du jour. Quand il en vient de Saint-Jean-d'Acre, de Jérusalem, de Damas, c'est le bazar qui les répand et c'est au café qu'on les commente. La salle nue est sans ornements et couverte d'un dôme avec une voûte faite de briques et d'un ciment indestructible. Des tapis de jonc couvrent le pavé, des coussins garnissent le divan qui règne tout autour. Nous trouvâmes la salle déserte encore et le cafetier turc peu habitué à voir des étrangers s'empressa de nous présenter des chibouks et de nous offrir de petites tasses dorées, remplies d'un fin moka, dont l'amertume n'est point adoucie par le sucre. Le café n'est point épuré; aussi quand on l'a humé tout brûlant et à petites gorgées, laisse-t-il une bouillie au fond de la tasse : c'est l'usage arabe. Le service se fait gravement et en silence. Les cafés de l'Orient ne ressemblent en rien à ceux de l'Occident; ils ne sont jamais bruyants. Mais il ne ne faut pas s'attendre à trouver ici la magnificence des cafés de Damas, Tabariéh étant une ville pauvre. Le café n'est fréquenté que par des Osmanlis; ni les Juifs ni les Chrétiens n'oseraient aller s'asseoir sur le divan à côté des frères descendants d'Osman. Le café qui est le seul dans la ville, est une salle d'assemblée familière. Comme la police n'existe pas à Tabariéh, on y a toute liberté de parler. Mais si ce sont des clubs politiques, ils sont presque silencieux.

Une demi-heure s'écoula, le namaz était achevé à la mosquée et nous vîmes revenir pas à pas et entrer dans le café un flot d'Osmanlis. Ils s'assirent gravement vis-à-vis de nous et ils semblaient nous regarder avec inquiétude, comme étonnés de notre présence au milieu d'eux. Notre regard semblait les gêner. Si en Orient un Franc regarde avec attention un Turc, celui-ci se trouble et est prêt à vous dire: pourquoi me regardez-vous si fixément ? C'est qu'en effet les Francs, passant pour sorciers, sont accusés de jeter des sorts. On redoute le *mal occhio*, la fascination dont parle Virgile dans la troisième Eglogue : *nescio quis teneros oculos mihi fascinat agnus.*

Il n'est pas même permis à un Franc de trop regarder un beau cheval arabe. Le maître s'imaginerait qu'on lui porte envie et qu'on a le pouvoir diabolique de faire périr l'animal par le *mal occhio*. Trop regarder une vigne, un champ cultivé, même une fontaine, est dangereux, à cause du préjugé populaire, qui croit qu'un Franc, peut au moyen de la magie, faire avorter les récoltes et tarir le cours des eaux : cette croyance stupide est si générale que les mères couvrent leurs enfants d'amulettes, pour conjurer les sorts et qu'elles s'enfuient souvent avec effroi, si un étranger s'approche d'un bel enfant pour l'admirer et lui faire une caresse. L'amour maternel est un sentiment et non un raisonnement.

Pendant que le cafetier était occupé à servir les Osmanlis, à mesure qu'ils venaient s'asseoir sur le divan, mon interprète me fit remarquer leurs coups d'œil farouches; aussi, pour éviter l'occasion de quelque désagrément, je me levai de la place que nous occupions dans un coin, et après avoir donné un *bacchis*, nous sortîmes de cette compagnie inhospitalière. Mais je pouvais dire comme l'Athalie de Racine :

> J'ai voulu voir, j'ai vu.

XIII.

LE CIMETIÈRE TURC.

Il me restait à terminer mes promenades aux environs de la ville. Je vais donc, pour achever de décrire Tabariéh telle qu'elle était avant sa destruction, raconter les bords du lac au midi. Etant parti de la ville dans la matinée, avec mon interprète chrétien, nous nous arrêtâmes d'abord au cimetière turc, où l'on arrive, après avoir suivi les murs extérieurs. Sur la rive où fut l'antique cité, changée aujourd'hui en nécropole, on voit beaucoup de tombeaux, dont quelques-uns sont ornés, d'autres nus ; il en est ainsi dans tout l'empire Ottoman. On ne remarque aucun riche tombeau; mais on observe que les colonnes coiffées d'un turban indiquent les sépultures d'hommes et les colonnes sans aucun ornement celles de femmes. Il y a beaucoup d'inscriptions en lettres d'or, gravées sur des tables de marbre au pied des colonnes. Ce sont des versets du Coram dont nous déchiffrâmes les plus curieux; voici plusieurs de ces inscriptions traduites sur mes notes de voyage.

Le terme de la vie est fixé. Nul ne peut ni le prévenir ni le retarder d'un moment.

La vie future est la meilleure.

Les croyants qui auront exercé la bienfaisance habiteront le paradis.

Les croyants sont les vrais fidèles ; ils occuperont des degrés sublimes dans l'empire céleste.

Pendant six jours de la semaine le cimetière turc est désert. Sur la rive tout est silence et immobilité, et le contraste des flots et des tombes rappelle ce vers de Fontanes :

> L'éternel mouvement et l'éternel repos.

Seules des colombes viennent s'abattre en paix sur cette rive où tout sommeille. Mais le vendredi, qui est chez les Musulmans le jour consacré au culte public, fournit l'occasion d'une promenade aux habitants de Tabariéh. C'est ordinairement après la cérémonie qui a lieu à midi dans la mosquée, que la foule se porte au champ du repos.

Nous avions achevé de traduire les inscriptions tumulaires, quand la foule arrivait au cimetière et on nous regardait en se disant : C'est le hadji franc. Il est impossible en effet qu'un étranger séjourne quelques jours dans une petite ville sans être l'objet direct de la curiosité publique; au bazar, au café, on parle de lui en bien ou en mal, selon l'impression du moment, et, si on ne sait rien d'exact, on invente les récits les plus invraisemblables.

Le vendredi de chaque semaine, les femmes turques, lasses de leur oisiveté et de leur clôture, profitent de la liberté qu'autorise l'usage oriental pour sortir, voilées de la tête aux pieds, de l'intérieur des harems. C'est pour elles une heureuse occasion de revoir les rives charmantes du plus beau lac de la Syrie et de se distraire pendant quelques heures avec leurs enfants et leurs esclaves Plus la vie domestique est nulle et monotone, plus le grand air, le mouvement, le changement de lieu leur semblent agréables. Aussi, dans l'après-midi du vendredi, les harems de la ville sont-ils déserts. Les femmes turques entièrement voilées se rendent comme en procession de la ville au cimetière, lieu du rendez-vous général. Il est d'usage de faire semblant de ne pas les apercevoir quand on les rencontre. Le frère, le mari, le père n'ont pas l'air de les reconnaître en passant. Il est sage de se conformer à cet usage, car une curiosité imprudente pourrait coûter cher à un étranger. Arrivés au cimetière, les Musulmans se placent en rang par familles, près des tombeaux de leurs parents.

Le vendredi est le seul jour où on puisse les voir, assises en rang parmi les tombes, faire jouer leurs enfants et regarder les passants avec une vive curiosité. Les jeux des enfants, les conversations les plus frivoles et de petites collations les amusent jusqu'à l'heure du retour, un peu avant le coucher du soleil, qui est le signal de la fermeture des portes. Cette assemblée a un but religieux, le culte des morts. Après avoir assisté, à midi, à la cérémonie hebdomadaire dans la mosquée de Daher, toute la population musulmane se trouve réunie dans le cimetière. C'est tout à la fois un but de dévotion et de promenade. Il n'y a jamais de bruit dans cette assemblée, mais un peu de mouvement, et c'est là sur la cendre des morts que semble se montrer une fois par semaine le peu de vie publique qui existe à Tabariéh. Aux yeux de l'étranger, l'immobilité des sépulcres et le sommeil des flots du lac forme un contraste avec le mouvement de cette foule de Musulmans de tout sexe et de tout âge, qui couvre pendant quelques heures la rive du lac endormi.

Pendant que nous étions arrêtés dans le cimetière, il passa près de nous deux Turcs à cheval, suivis d'un esclave à pied. Ce sont deux janissaires, me dit mon interprète à demi-voix, et comme vous le voyez, ils ne font pas un pas hors de la ville sans porter en bandoulière un long fusil damasquiné. Ils vont sans doute au bain thermal, et selon l'usage, ils sont armés jusqu'aux dents, comme s'ils avaient à affronter quelque grand péril. Cet étalage d'armes de toute sorte que font les Osmanlis à pied ou à cheval, semble ridicule à un voyageur franc; mais c'est dans de belles armes qu'ils font consister tout leur luxe et ils satisfont ainsi leur orgueil aux yeux des rayas désarmés. Comme les légionnaires romains, les Turcs semblent persuadés que les armes sont les membres d'un soldat en temps de guerre, et ils ne se regardent jamais comme étant en paix avec les Chrétiens.

Quoique le sultan Mahmoud ait détruit le corps des janissaires en 1825, en les exterminant à Constantinople, où ils avaient fait cinq révolutions et assassiné cinq sultans, les Osmanlis de la Syrie affiliés à cette garde prétorienne avant cet acte de vengeance si longtemps médité, en gardent encore le noble titre et agissent comme si le janissariat vivait encore.

Ainsi, quand le serpent a été coupé avec le glaive, les tronçons s'agitent longtemps; on dirait que le serpent n'a pu mourir.

XIV.

LE NAMAZ.

Etant sorti du cimetière, qui en Orient n'est point comme en Occident un champ clos de murs, mais toujours un terrain vague, que rien ne sépare de la campagne environnante, nous poursuivîmes notre promenade vers le midi de la ville moderne. Jusqu'à un mille de distance s'étendent les ruines confuses de l'antique cité. A chaque pas on foule le marbre, le basalte ou le granit. En voyant les débris de frises, d'ornements et de chapiteaux épars sur cette rive où pousse l'acanthe inutile, je pus juger par le caractère d'architecture de l'époque et de l'art. Je restais convaincu, à l'aspect des détails qui attestaient l'art grec le plus pur, que ces débris d'un travail délicat appartenaient au siècle d'Hérode. La conquête de l'Asie par Alexandre avait introduit l'art grec dans la Syrie. Les Séleucides, qui avaient poussé la passion de l'hellénisme jusqu'à vouloir remplacer Jéhovah par Jupiter, bâtirent des villes grecques et colonisèrent une partie de la Syrie. La civilisation hellénique devint populaire, les beaux-arts fleurirent comme à Athènes dans les cités d'Antioche, Bosra, Beyrout, etc. Les Asmonéens, amis de l'art grec, firent construire des édifices de toutes sortes à la manière grecque. Hérode et ses enfants continuèrent cette mode du style grec et favorisèrent les œuvres de l'art, dans Césarée, et son magnifique cirque en attestait la magnificence. Ainsi on ne peut contester que ce ne soient des architectes et des sculpteurs grecs qui ont bâti la ville d'Hérode Antipas consacrée à Tibère. Les débris qui roulent ici sous nos pas ont le cachet hellénique. Mais tout est tellement confus que je n'ai pu reconnaître de trace de l'hippodrome: c'est que les pierres carrées en ont servi à bâtir la ville moderne, toute ruine devenant tôt ou tard en Orient une carrière de pierres qu'on exploite sans pitié pour les amis du beau antique. Peut-être que des fouilles bien dirigées en feraient retrouver les substructions cachées sous l'entassement des débris de marbre et de basalte, entassés pêle-mêle dans le même oubli.

A l'extrémité des antiques ruines on voit un vieil olivier, qui a peut-être mille ans et qui a pu voir Saladin assis sous son ombre. Aussi les Musulmans le respectent-ils comme une relique. Semblable à un navire pavoisé dans le port pour une fête, il est paré de la tête aux pieds de lambeaux de toute couleur flottant à la brise du lac. Cet arbre indique aux Osmanlis la place de l'antique église, changée en mosquée après l'invasion musulmane, qui ravagea la Galilée. Aussi les dévots, turcs ou arabes, qui y passent dans la journée, aux heures de la prière, s'y arrêtent pour faire le namaz. Les baigneurs étrangers peuvent voir, en allant ou en venant du bain thermal, des Musulmans faire l'ablution dans le lac, se prosterner autour de l'olivier et s'absorber tout entiers dans la contemplation céleste, sans tenir compte, en faisant oraison, des passants qui se croisent sur la rive. Spectacle étrange pour les Francs surtout, peu familiers avec les coutumes religieuses de l'Orient. Quant aux habitants du pays, ils y sont si accoutumés qu'ils n'y font aucune attention. C'est l'usage des Osmanlis, me disait mon interprète avec la plus grande indifférence.

Pour moi, j'étais saisi d'un étonnement toujours nouveau à l'aspect de ces hommes pleins de foi, qui ne comprendraient rien au respect humain, cette fausse honte si commune en Occident, et qui éloigne de l'usage de la prière tant d'hommes légers ou indifférents. Cette fervente oraison d'un oriental, agenouillé sur les ruines d'une cité effacée de l'histoire, ce respect traditionnel pour un arbre conservé par le souvenir des âges, n'ont-ils pas quelque chose de triste et de solennel ?

Je ne reviendrai pas sur ce que j'ai dit du namaz ou de la prière musulmane, qui doit se faire cinq fois par jour. Les voyageurs n'en sont pas dispensés, et dans les caravanes on les voit, principalement à l'aurore, à midi et au coucher du soleil, se prosterner en posant un tapis sur le sol qui pourrait être impur. Après les ablutions faites selon le rit avec de l'eau et même avec de la poussière à son défaut, le turc s'agenouille, se relève, se courbe, lève les mains, les étend, se prosterne tour à tour. Le namaz consiste donc en récitation de paroles du Coran, accompagnées de gestes et de positions variées. C'est une pantomime solennelle et dont on ne peut être spectateur indifférent. On se sent ému de cette foi ardente qui anime un musulman en prière, et, à la vue de cette adoration sincère, on pardonne à l'ignorance et à la superstition des Osmanlis; on est prêt à excuser l'erreur, fruit des préjugés héréditaires et on s'en remet à Dieu du soin de les juger dans leur aveuglement. Le namaz nous retrace la tradition arabe de la prière patriarcale conservée en Orient et pratiquée encore aujourd'hui comme du temps de Job. Le Turc en prière est tellement absorbé par l'adoration, qu'il demeure étranger à tout ce qui se passe autour de lui. On tirerait des coups de pistolet à ses oreilles qu'il n'en serait point ému et ne se dérangerait pas de son oraison.

A la position du soleil, intermédiaire entre

le midi et l'occident, on pouvait facilement voir qu'il était trois heures. C'était le moment du namaz de l'Asr ou de la troisième prière du jour. Aussi, vîmes-nous plusieurs Osmanlis, qui revenaient du bain thermal, s'arrêter pour prier devant le vieil olivier.

Comme nous nous étions arrêtés à contempler la pantomime des Musulmans en oraison, des Turcs, qui passèrent à cheval nous regardèrent avec indignation et en murmurant une injure. Ne restons pas ici plus longtemps, me dit mon interprète ; on pourrait le prendre en mauvaise part et vous n'êtes déjà pas trop bien vu en votre qualité de Franc ; continuons notre promenade et passons un peu à distance, car les Musulmans exigent, pour les arbres qui leur servent d'oratoires, le même respect que pour les mosquées.

On sera peut-être étonné de voir un olivier remplacer une mosquée. Mais en Orient les arbres plantés sur des ruines ou près des sources sont respectés par les Turcs. J'ai vu souvent, aux environs de Constantinople, des platanes qui ombrageaient des fontaines et qui servaient d'oratoires aux Grecs. On venait en pélerinage à la source consacrée par la dévotion populaire et on ne se retirait pas sans avoir cloué au tronc du platane séculaire, des chiffons ou des lambeaux de vêtement en guise d'ex-voto. Quelle que soit la différence de culte des Grecs chrétiens et des Turcs musulmans, ils se rencontrent dans cette même dévotion. L'idée religieuse est la même au fond, si la manifestation plus ou moins erronée est diverse dans sa forme. Cette réflexion, sans nuire à la vérité, nous amène à tolérer les cultes mêlés d'erreur et à prier avec eux, douce pitié, pour le retour à la vérité pure des races plongées dans les ténèbres du mahométisme.

XV.

LE BAIN THERMAL.

Le récit de plusieurs promenades sur les rives du lac me semble utile pour compléter la peinture de la Galilée. Tout ce beau pays de l'ancienne Génézareth est digne d'intérêt et mérite à juste titre l'attention du voyageur. Qu'on soit pélerin ou artiste, l'œil admire la nature dans cette région poétique de la Bible et de l'Evangile et le cœur s'élève du réel à l'idéal.

Ici tout est poésie ;

Tout prend un corps, une âme, un esprit, un visage.
BOILEAU.

Pour le moment, je n'irai pas au-delà du bain thermal.

Depuis Tabariéh on suit les bords du lac. L'olivier qui sert de mosquée indique la mivoie. Au-delà on voit, dans les hauteurs, des grottes qui semblent avoir été d'antiques tombeaux de Chananéens.

C'est le bain thermal qui a donné l'origine au bourg de Cénéreth rebâti magnifiquement par Hérode Antipas, qui lui donna le nom de Tabariéh. Il la peupla, lui donna des priviléges et elle devint florissante, au point que, du temps de l'historien Josèphe, on y comptait 2 mille habitants. La ville actuelle, avant le tremblement de terre de 1822, avait 4000 habitants, d'après le rapport de Burkardh, qui écrit un curieux itinéraire de la Syrie et de la Palestine.

C'était l'après-midi, et dans cette partie du jour, le bain est désert. Le gardien nous dit qu'il était obligé de payer un droit assez fort à l'aga de Tabariéh, quoique la saison des eaux ne dure que quelques mois et que pendant l'hiver le bain demeure abandonné.

Le bâtiment du bain est carré et recouvert d'une terrasse avec un petit dôme. Il renferme deux salles voûtées en pierre et il est construit en basalte, ce qui donne une couleur sombre à l'édifice. On monte par plusieurs marches à la salle d'entrée, qui sert de café et où se tient le gardien pour recevoir la rétribution des bains. L'autre salle à gauche peut avoir 15 pieds carrés ; elle est plus basse et au milieu se trouve le bassin d'eau bouillante, d'où coule un petit ruisseau qui va se perdre dans le lac, en laissant sur les pierres un dépôt jaunâtre. Une autre chambre plus petite a aussi un bassin et est réservée aux femmes. Ces deux pièces sont contiguës à la salle d'entrée.

Le bain thermal, comme les eaux de Vichy ou de Spa, attire les malades ou les infirmes de toute la Syrie.

Pendant l'été, il vient à Tabariéh des baigneurs de toutes les villes de la Palestine et des Echelles. Les médecins syriens comme les médecins francs envoient aux eaux thermales, en désespoir de cause, les malades qu'ils ne peuvent guérir. Le voyage, les distractions, le changement de climat produisent un effet moral. Le bain y ajoute un effet physique, et la nature, aidée dans sa force vitale, se régénère souvent comme par miracle. Une seule guérison, qui fait du bruit, suffit à mettre en vogue des eaux minérales. Pour les habitants de Jérusalem, par exemple, privés de l'agrément des eaux et renfermés dans un paysage de pierre, la rive du lac est une délicicieuse nouveauté.

Malte-Brun a enflé la population de Tabariéh, qui n'a que 5 mille habitants. Il la porte à 4 mille, d'après des voyageurs inexacts et déjà anciens. Il suffit de voir son étroite enceinte et les décombres mêlés aux constructions pour comprendre l'impossibilité de ce chiffre. D'ailleurs, les maisons n'ont que le rez-dechaussée, excepté celle des principaux Turcs et des Juifs. La terrasse sert de chambre à coucher et la salle unique sert de divan et de salle à manger.

Comme Tibériade s'étendait plus au midi, du temps de l'historien Josèphe à qui nous devons la description de la Galilée à l'époque romaine, le bain thermal était situé dans le faubourg nommé Emmaüs et dont il ne reste plus de trace.

Ces eaux thermales ont quatre sources et elles ont de l'analogie avec celles d'Aix-la-Chapelle, excellentes pour les rhumatismes et la débilité de nerfs. On y vient de tous les points de la Syrie. Burkardt les a décrites dans son itinéraire. L'analyse donne du soufre, du fer et du muriate de soude. Burkardt trouva aussi des eaux thermales, dont il compte dix sources, à l'est du lac, près des ruines de Gadara, dans la Décapole.

C'était pendant l'été que je me trouvais à Tibériade et j'observais que le soleil se levait à 5 heures et se couchait à 7. Il n'y avait point de crépuscule et les nuits étaient aussi fraîches que le jour était chaud ; une douce rosée humectait la terre au point du jour.

En Syrie, la température est très-variée; mais il n'y a que deux saisons, l'été et l'hiver, le temps des chaleurs et le temps des pluies. C'est ce que Job décrit dans son poème avec un art merveilleux.

Tacite lui même vante la Palestine :

« Le sol en est très-fertile et l'abondance des productions suffit à tous les besoins ; on y a de plus le baume et les palmiers. » *Hist.* l. 5.

On prétend que non-seulement le bain thermal, mais que les eaux du Jourdain sont salutaires pour les maladies cutanées. Il est probable que cette opinion a son origine dans la Bible, où l'on voit la guérison de Naaman, auquel Élisée avait prescrit de se laver sept fois dans le Jourdain pour se guérir de la lèpre.

« Il s'en alla et se lava sept fois dans le Jourdain, selon que l'homme de Dieu le lui avait ordonné et sa chair devint comme la chair d'un petit enfant, et il se trouva guéri. »

Les Rois, l. 4, v. 14.

Pendant mon séjour à Tabariéh, il n'y avait pas d'autres baigneurs qu'une femme de Jérusalem, venue en compagnie de son père, et un moine franciscain du couvent de Nazareth, avec lequel je partageais la communauté de vie. La malade était une chrétienne de vingt-deux ans, mariée depuis 7 ans et veuve d'un marchand du bazar de Jérusalem, du rit latin. Comme l'hémorrhoïsse de l'Évangile, elle cherchait un remède ; mais ce n'était plus le temps des miracles du Christ et elle en était réduite à la science humaine. Son père avait fait de grands sacrifices dans l'espoir de lui rendre la santé, et tous les matins il la conduisait au bain thermal montée sur un âne. Comme les chrétiens de Jérusalem savent tous un peu d'italien, je pouvais échanger avec eux quelques paroles quand je les rencontrais.

Dans la saison des eaux, les baigneurs font facilement connaissance; aussi la belle veuve jérusalémitaine fut-elle dès le premier moment en bonne relation avec le moine espagnol et moi; nous causions quelques instants, soit en allant, soit en revenant du bain, et même nous la vîmes une fois dans la maison qui lui donnait asile. Comme il n'y a pas de kan ni d'hôtel à Tabariéh, les baigneurs sont hébergés par leurs coreligionnaires, moyennant une rétribution modérée. Ce fut notre seule conversation. Le temps nous manqua pour nous lier davantage, et notre amitié rapide se borna à des compliments et à des paroles échangées sur Jérusalem et l'ennui de l'abscence. D'ailleurs le père et la fille étaient ignorants pour n'avoir rien vu, et en Orient on ne sait point causer. Le plaisir de la conversation s'éteint à mesure qu'on s'éloigne de la France. En Orient, on a remplacé le charme des causeries par l'ignoble usage du chibouk, comme si la bouche n'était plus faite que pour aspirer des bouffées de tabac. Pour causer à la française, j'en étais réduit à entretenir la famille maronite, dont les qualités morales étaient admirables.

Après nous être reposés dans la salle d'attente qui sert d'*atrium* commun aux baigneurs, et où le gardien nous servit le café et nous offrit des chibouks ou pipes turques qu'il préparait avec soin, nous sortîmes pour monter sur les hauteurs et jouir du panorama.

De là nous redescendîmes vers la rive, empressés de rentrer à Tabariéh, où se célébrait tous les soirs la *fantasia* des noces de l'Aga. Cette scène de mœurs, digne d'être racontée, complètera singulièrement la physionomie de la nouvelle Tibériade. Mais auparavant j'ai à décrire une scène de la vie intime.

XVI.

TABLEAU D'INTÉRIEUR.

Tous les jours je me rendais à l'église grecque, qui me servait de cabinet de travail. En choisissant ce lieu d'étude, j'avais voulu ne point gêner pendant le jour le bon Kélib de l'Aga. Il m'avait donné l'hospitalité à la manière de l'Orient; mais la maison étant petite comme celle de Socrate, j'avais cru devoir la laisser libre autant que possible. La famille couchait à la belle étoile, afin de me céder la grande pièce pendant la nuit ; n'était-il pas juste de faire à mon tour un léger sacrifice ? Pour ne point abuser de leur condescendance, qui allait jusqu'à l'abnégation, je partais donc avant l'aurore et ne revenais qu'à la nuit close. Un matin qu'au lever de l'aurore j'étais sorti de la maison du bon Saba, pour me rendre comme à l'ordinaire à l'église grecque, l'idée me vint de traverser le quartier turc ou bien d'y aller directement. A cette heure le dédale des petites rues est désert ; je marchais en rêvant sans prévoir l'inattendu. Les murs des petits jardins ou petites cours sont si bas que de la rue on plonge dans l'intérieur, de sorte que les harems sont des maisons de verre. Souvent même

4

on ouvre au point du jour la porte de bois, qui donne entrée et elle reste ouverte pour le service des esclaves, qui vont puiser de l'eau dans le lac. A Damas, on voit dans toutes les maisons riches des cours ornées d'arbustes et de fleurs, au milieu desquelles s'offre un bassin de marbre avec un jet d'eau. Mais à Tabariéh, le voisinage du lac dispense du luxe des bassins, dont la fraîcheur semble nécessaire dans un climat chaud. On y supplée au moyen de grandes urnes, comme celles de Cana, qu'on remplit d'eau fraîche chaque matin. C'est l'occupation la plus pénible des esclaves domestiques.

Comme les rares passants sont des voisins ou des amis, on ne se préoccupe pas du mouvement de la rue. Pendant le jour, les femmes turques vaquent aux occupations domestiques sans craindre le moins du monde d'être vues ou des fenêtres d'alentour ou de la rue toujours silencieuse. D'ailleurs les Turcs indigènes sont fort peu curieux, et un raya juif ou chrétien ne s'aviserait pas de jeter en passant un regard profane dans un harem musulman. Ni les marchands du bazar, ni les Arabes ou les fellahs, qui apportent des provisions à la ville n'oseraient s'arrêter même un instant devant une porte ouverte, à cause des conséquences que pourrait avoir une telle imprudence. Ce respect du domicile est une loi inviolable. Voilà pourquoi les Musulmanes, rassurées par le respect public et l'usage entré dans les mœurs, ne craignent point de passer les nuits d'été en plein air et font leur toilette du matin dans un jardin ouvert, comme la Bible le raconte de Bethsabée, que David aperçut un matin de la terrasse de son palais.

C'est donc en toute sécurité que les dames turques font leur toilette dans les petits jardins qui précèdent les maisons. D'autant plus que, si un Musulman passait à une heure matinale près d'un harem où se montreraient des femmes, il détournerait les yeux par principe de religion, ne voulant gêner en rien la liberté de la vie intérieure.

L'incident que je vais raconter est un des souvenirs d'une semaine aussi variée que les bords du lac lui-même. Ce matin-là, au moment où j'allais passer devant une maison turque de belle apparence, ayant vu la porte ouverte, je jetai les yeux dans l'intérieur du petit jardin, et quelle fut ma surprise d'y apercevoir une famille musulmane, qui avait dormi à la belle étoile dans le petit jardin ombragé d'orangers et de citronniers et qui venait de se lever encore humide de la rosée de l'aurore ! Ce n'était pas la première fois sans doute que je voyais des femmes turques à visage découvert ; mais c'était la première fois que je pouvais assister d'aussi près au tableau d'une toilette musulmane.

La dame du logis, assise sur un coussin, se faisait teindre les mains et les pieds avec du henné par une esclave, qui avait achevé de peigner ses longs cheveux et de les tresser.

Cette couleur de henné est un ornement qui complète, selon le goût oriental, la toilette féminine. Ses deux filles, qui étaient adolescentes, assises à quelques pas de leur mère, se peignaient mutuellement les sourcils avec du surmé, sorte de fard noir, au moyen duquel on forme, à la naissance du nez, deux grands arcs réguliers. Ce signe de suprême beauté donne au visage une expression de rudesse qui plaît aux Osmanlis. C'est là une mode qui date de trois mille ans, comme le prouve l'histoire de Jézabel. Attiré par ce spectacle étrange, à la vue de ces deux sœurs, qui posaient là sans voile comme devant un peintre et qui ressemblaient par l'éclat de leur beauté aux houris poétiques de l'Eden mahométan, je m'arrêtai, sans avoir eu le temps de la réflexion, et muet d'étonnement sur le seuil de la porte ouverte.

Déjà leurs cheveux avaient été peignés et des tresses garnies de sequins d'or pendaient avec un son métallique sur leurs épaules. La mère ne me voyait pas, pensant au soin que prenaient ses filles, en se jouant avec abandon. Si elle m'eût vu, un seul regard eût effrayé mon audace en signifiant :

Odi profanum vulgus et arce.

Les deux jeunes sœurs m'avaient aperçu ; mais cette admiration d'un étranger ne semblait pas leur déplaire. Frappées de l'étrangeté du costume franc, elles restaient toutes les deux, le regard fixé sur mon chapeau et sur les boutons de cuivre de mon habit bleu, immobiles comme deux statues.

Pour moi, à ce spectacle inattendu, j'étais tout yeux et je rêvais..... Il me semblait une scène antique des mœurs de Ninive et de Babylone : c'était la Bible en action, et j'étais là sans penser à mal, comme Ververt de Gresset :

A son réveil, de la fraîche nonnette
Libre témoin il voyait la toilette.

Etrange toilette, décrite dans le livre d'Esther et qui ne ressemble en rien à celle de nos dames françaises, et même l'antique bizarrerie de cette mode assyrienne était pour un voyageur de l'Occident une piquante nouveauté. Aujourd'hui qu'on préfère un petit tableau de genre à une grande page d'histoire, je me croyais en ce moment dans le musée du Louvre, devant un tableau biblique du Poussin ou devant une saison de Léopold Robert. Comment décrire avec la palette ou avec la lyre cette scène du vieil Orient, saisie ainsi dans cette naïveté d'un autre âge ? Il faut recourir ou à Homère ou à Théocrite.

Tout-à-coup l'esclave noire, qui était allée puiser de l'eau au lac, en oubliant de fermer la porte du petit jardin, parut, portant sur la tête l'urne qu'elle tenait d'une main. Arrivée au seuil du logis, elle s'arrêta à mon aspect, comme saisie d'effroi et poussa un cri d'horreur : *le Franc !* La dame du logis sortant de sa rêverie regarda la porte..... j'avais déjà disparu.

Une bergère surprenant un loup sur le seuil

de la porte ouverte de l'étable n'aurait pas crié plus fort que l'esclave noire effrayée. À ce cri d'alarme toute la maison s'émeut. La mère, s'étant levée en désordre entre dans l'intérieur en appelant par leurs noms ses deux filles impassibles. L'esclave noire poussa la porte d'entrée avec violence, comme pour se mettre en sûreté, et l'autre esclave qui aidait à la toilette de la dame, l'avait suivie en criant à son tour. En un clin d'œil le petit jardin était devenu solitaire.

Du quartier turc à l'église grecque de St-Pierre il n'y a que quelques pas, et à peine entré dans la cour qui précède à l'ouest, je racontai encore tout ému cet incident du chemin le plus long au Père Placide, ce religieux espagnol avec lequel je passais une partie de la journée. Il s'étonna et ne pût s'empêcher de blâmer une imprudente curiosité, qui pouvait avoir de fâcheuses suites.

Ne sachant point encore quelle était la maison dont j'avais vu l'intérieur, mais comprenant bien, d'après le luxe oriental qu'on pouvait y remarquer, que ce devait être la demeure d'un des ayants de la cité, j'avais l'intention de prendre quelques renseignements.

« Le maître de la maison, quel qu'il soit, me dit le religieux franciscain, sera sans doute blessé de votre indiscrétion. Voilà de ces témérités qu'on nous reproche, à nous autres Francs, comme des crimes. Aussi, loin de chercher des objets de curiosité, je fuis toute occasion et je ne me suis même jamais approché du quartier turc. Les Osmanlis sont haineux et vindicatifs, et ce Musulman que vous avez blessé dans ses préjugés d'orgueil et de privilége, cherchera sans doute à se venger, parce que vous aurez donné lieu à la médisance et qu'on parlera de sa famille dans les harems, où le commerage est aussi dangereux qu'en Occident. On dira peut-être que vous avez voulu, par un trait de folie pénétrer dans son harem. Que sais-je? on brodera sur cette donnée quelque conte des Mille et une nuits.

» Songez, mon cher Monsieur, que c'est là une grosse affaire, un incident désagréable à un Turc de distinction, qui ne peut souffrir qu'on nomme en public ou sa femme ou ses filles, ou même ses esclaves. Désormais tenez-vous donc sur vos gardes, et même, si vous m'en croyez, vous ne resterez pas longtemps ici après cet éclat. Envoyez chercher un cheval à Nazareth, et ne tardez plus à partir. Dans le couvent latin, les Francs sont du moins à l'abri de toute hostilité. Si le séjour de Tabariéh est pénible à cause de la malveillance générale et du fanatisme des Musulmans, à Nazareth, on est plus à portée de St-Jean-d'Acre, et le séjour des étrangers est toléré. Mais ici, comme vous l'éprouvez vous-même, l'outrage poursuit à chaque pas le chrétien. Pour moi, que retiendra encore une semaine la nécessité de prendre des bains, j'ai hâte de fuir ce périlleux séjour, où tout est permis aux enfants contre nous et

où nous servons en quelque sorte de but aux pierres, heureux de me retrouver dans une paisible cellule comme dans un asile. Que la madone me rende la santé et je rentrerai avec joie dans le couvent de Nazareth. »

En achevant ces mots, le Père Placide fit un signe de croix, puis il alla s'asseoir sur la natte d'Egypte, à l'ombre des murs de la cour, et pressant son chapelet, fait de noyaux d'olives du jardin de Getsémani, et suspendu au cordon qui serrait son froc, il se mit à prier dévotement.

XVII.

ÉMOI DES HAREMS.

La journée se passa comme à l'ordinaire en courses au-dehors, et je rentrai assez tard chez mon hôte maronite. Mais le lendemain, quand je me levai pour sortir, je trouvai dans la petite cour de la maison toute la famille maronite déjà sur pied. La jeune femme du bon Saba, m'arrêtant sur le seuil, voulut causer de l'incident de la veille. Nous nous assîmes donc sur le divan, et elle me raconta moitié en arabe moitié en italien, qu'on parlait beaucoup dans les harems de la curiosité du pèlerin franc et que plusieurs des Osmanlis lui en faisaient un crime irrémissible; cette petite aventure avait été racontée au bazar, et elle était devenue, dès le soir même, la nouvelle du jour. Toute la ville sait que le hadji Joachim, qui séjournait à Tabariéh pour chercher de vieilles pierres, avait osé s'arrêter devant un harem à considérer des femmes musulmanes sans voiles : quelle profanation !

Après qu'elle m'eut donné des détails sur ce qu'elle avait appris à mon sujet dès le soir même dans plusieurs harems, je fus un peu surpris d'apprendre que c'était la famille du Cadi que j'avais vue ainsi, par un singulier hasard, assise dans le petit jardin, sans voile, et préoccupée des soins de la toilette matinale. En m'arrêtant un moment, pour mieux voir ce tableau d'intérieur, j'avais contrevenu aux usages musulmans, qui prescrivent aux femmes de se dérober à tout regard profane. Le cas est grave, me dit-elle; mais si notre Cadi est un homme austère, inflexible sur les obligations du Coran, d'un autre côté, il est incapable d'une injustice. Toutefois, comme il pourrait avoir la main forcée par l'Iman de la mosquée, qui est un ennemi acharné des Chrétiens, tenez-vous sur vos gardes.

Je lui racontai alors dans toute sa naïveté ce fait, qu'une occasion imprévue avait produit et que la renommée avait amplifié : *crescit eundo*.

L'excellente femme écouta mon récit avec attention, et comme elle était pleine d'intérêt pour moi et connaissait par expérience l'esprit local, faisant la part de l'ignorance et de la force des préjugés chez les Osmanlis, elle pensa, comme le père Placide , qu'il serait prudent d'abréger mon séjour sur les rives du lac. Montrez désormais , ajouta-t-elle, la plus extrême circonspection. Vous ignorez les suites d'une imprudence sans exemple à Tabariéh. La maison devant laquelle vous vous êtes arrêté, me dit-elle en souriant, est celle du Cadi, homme débonnaire et ami de la réforme. J'ai su hier que cet *ouléma*, ayant été instruit par sa femme de l'incident du matin , avait réprimandé avec colère l'esclave noire, comme la cause occasionnelle de tout le mal. « Quoi ! vous saviez qu'un Franc se promène depuis quatre jours dans notre ville et vous laissez ouverte la porte du harem ? C'est donc pour qu'il puisse s'arrêter en passant et jeter sur ma famille un regard profane!» Puis se tournant vers ses deux filles , dont l'aînée a environ 17 ans et la cadette 15 ans, il leur dit d'un ton plus doux : « Vous avez été trop confiantes toutes deux en n'avertissant pas votre mère de la présence de cet étranger. Je vous recommande de vous voiler le visage avec soin , quand vous êtes établies dans le jardin à portée du dehors. Évitez une autre fois , mes chères filles, la vue impure d'un *giaour*. Ces infidèles ont l'insolence de nous braver, quand nous leur permettons de visiter pour le pélerinage le pays des vrais croyants. »

Comme les deux jeunes filles pleuraient de la réprimande paternelle , il ajouta d'un ton plus bas : «Vous savez que notre Prophète défend aux femmes musulmanes de jamais se montrer aux infidèles le visage découvert (1). La bouche surtout doit être soigneusement dérobée aux regards d'un Franc, qui est étranger, et dont vous devez avoir horreur comme d'un animal immonde. »

Il se tut, et les deux sœurs, soutenues par leur mère, qui n'avait rien vu, s'excusèrent en assurant qu'elles avaient entendu parler vaguement d'un pélerin franc ; mais qu'elles ignoraient son long séjour dans la ville ; que la surprise où les avait jetées la présence soudaine d'un étranger, qu'elles voyaient pour la première fois , les avait rendues muettes d'étonnement. «Mais nous n'avons pas fait plus de cas , dirent-elles à leur père, de ce giaour à grands cheveux que d'un chien.»Toutefois elles promirent , en rougissant un peu, de suivre à l'occasion toutes les prescriptions du Coran. Le Cadi fit alors un signe, et les femmes s'empressèrent autour de lui ; l'une lui présenta la pipe, l'autre le coussin pour les pieds. Il s'assit gravement en croisant les jambes et toutes fi-

rent cercle en silence autour de lui, accroupies sur les degrés inférieurs.

De ce compte-rendu mon hôtesse passa à une réflexion toute d'à-propos pour un Franc. «Vous voyez, ajouta-t-elle avec un peu de malice, que votre amour propre ne doit pas être flatté du regard fixe de ces deux jeunes filles, qui semblaient si avides de vous voir ; le mépris des Francs en a été la seule cause. Il est vrai que , pour expliquer comment ces deux jeunes filles ne sont pas rentrées sur-le-champ dans la maison , il faut admettre à cet âge naïf une pointe de curiosité. Oui , l'envie de voir un pélerin franc , dont elles avaient entendu parler , leur a fait oublier la prescription de se voiler et les a rendues muettes. Du reste, chez les Osmanlis, le mépris des Francs est le préjugé d'éducation le plus enraciné. Lorsque dans les fêtes du Beïram on représente à Alep ou à Damas des scènes comiques , le rôle vil et indigne est toujours réservé à un Franc: plus la caricature est forcée , plus elle excite le gros rire des spectateurs. Imbues du préjugé général , ces jeunes filles ne croyaient donc pas devoir se gêner dans le soin de leur toilette, en présence d'un giaour, qui s'était arrêté dans la rue. A quoi bon se voiler pour un chien de chrétien , qui jamais ne peut entrer en relation avec une musulmane , la loi religieuse établissant un invincible obstacle , comme le faisait la noblesse de race au moyen-âge entre une châtelaine et un vilain. La nudité du visage leur a donc semblé de peu de conséquence devant un Franc ; mais il n'en eût pas été de même devant un jeune Osmanlis, soit indigène, soit étranger. Dans ce cas, elles auraient cru se compromettre ; mais un Franc ! Il n'était pas digne qu'elles s'abaissassent à le considérer comme un homme ! »

Cet incident fit le lendemain plus de bruit encore dans le quartier turc ; car Tabariéh, comme toutes les petites villes, dont Picard nous a peint les travers , avait ses commères aussi habiles à faire des hyperboles que les acteurs de la fable : *la Femme et le Secret*. Il faut excepter le quartier juif, où l'on ne fait aucun cas des bruits de ville. Comme les ménages y sont paisibles et nullement occupés du dehors, le commérage leur reste étranger. La femme juive , humble et dévouée, est un modèle des vertus domestiques , et elle ne le cède qu'à la femme chrétienne dont l'éducation est un progrès.

Les harems mis en émoi furent donc remplis de récits diversement brodés en passant de bouche en bouche. On fit des visites à la femme du Cadi pour mieux connaître comment les choses s'étaient passées. Le Franc est-il resté longtemps devant la porte du jardin ? Pourquoi les jeunes filles n'ont-elles pas crié, aussitôt qu'elles l'ont aperçu ? C'est un scandale qu'une telle audace, etc. Parmi les dames turques, les unes excusaient le Franc, les autres s'indignaient. C'était là pour les harems une occasion de parler des Francs, de leur costume, de leurs mœurs et usages et de satisfaire ainsi une insatiable curiosité.

Y a-t-il donc ici de quoi s'étonner, puisque le cœur humain est partout le même ? Un Anglais séjournant pendant une semaine dans une de nos petites villes perdues dans quelques provinces privées de communication, ne produirait-il pas, par son étrangeté, un effet analogue ? Cependant l'Anglais est plus en rapport avec les Français, que le voyageur de l'Occident avec les Turcs de l'intérieur de la Palestine.

Depuis cet éclat involontaire, j'étais devenu pour les Musulmans fanatiques et pour les enfants turcs un objet d'antipathie. Dès que les enfants m'apercevaient de loin, ils me signalaient en criant: Voilà *le frangi!* et à mon approche, ils s'enfuyaient avec horreur. Ma position devenait donc difficile ; car la prudence ne peut en tout prévoir ni conjurer ce qui est à la fois cause et effet. Plein de confiance dans l'expérience de mon interprète indigène, qui avait déjà conduit dans le pays de Tabariéh plusieurs voyageurs anglais et avait toujours réussi à éviter les collisions, je suivais volontiers ses bons conseils. Cependant, pour donner une entière satisfaction à ma bonne hôtesse, je m'occupai des soins d'un prompt départ et j'en fixai le jour et l'heure. Comme la semaine touchait à sa fin, je priai le fils du kétif d'envoyer à Nazareth un messager, pour faire venir, le samedi soir, un guide et des chevaux. C'est ainsi que le dimanche suivant fut déterminé comme le jour des adieux.

On voit, d'après tout ce qui précède, que les craintes de l'excellente femme du vieux Saba, partagées par le religieux franciscain et par mon interprète indigène, étaient fondées, quoique peut-être exagérées. Toutefois, sans m'en inquiéter, je continuai ma vie d'explorateur de ruines et d'observateur de mœurs. Après plusieurs jours de bruit dans le quartier turc, toute cette bulle de savon, gonflée par l'ignorance et tenue en l'air par le souffle du fanatisme, tomba d'elle-même, et la ville reprit son calme habituel. Quant à l'hostilité des enfants, je la méprisai comme auparavant : il ne m'arriva donc rien de plus désagréable que par le passé.

XVIII.

L'IMAN ET LE CADI.

L'expérience nous prouve tous les jours que le bien et le mal sont mêlés sur la terre. L'opposition de caractère de l'Iman et du Cadi le montre ici comme une leçon. Le premier avait toutes les mauvaises passions de sa race et de son culte ; le second avait les vertus des philosophes du Portique. Or, de là aux idées chrétiennes il n'y a plus qu'un pas, qu'on peut facilement franchir quand on est de bonne foi. Le Cadi était un musulman bienfaisant comme il s'en trouve de temps en temps au milieu d'une foule aussi ignorante qu'elle est superstitieuse. Il possédait ces vertus morales que le christianisme seul peut développer dans le cœur.

L'Iman de la mosquée était un homme atrabilaire, opposé à toute réforme et qui appelait le Sultan lui-même giaour : appartenant au vieux parti des janissaires, il avait en horreur les Francs comme promoteurs de la nouvelle réforme et il les haïssait d'autant plus qu'on savait dans la Syrie l'immense influence de l'Europe sur la Porte. L'ambassadeur de France surtout, connu pour pousser le Sultan dans la voie du progrès, était l'objet d'une haine invétérée, car il représentait aux yeux du fanatisme l'action de l'Europe sur l'Asie. L'Iman m'avait pris en haine sans me connaître, mais uniquement parce que j'étais un Franc. J'ai su un peu plus tard que dans l'espérance de se venger de l'intervention des Francs dans les affaires politiques à Stamboul, il avait voulu saisir la première occasion. De là son obstination à me faire un mauvais parti, à propos de cet incident que j'ai raconté. Il répétait souvent des passages du Coran, interprétés dans le sens de la haine en disant au Cadi : « Vous tolérez ce Franc sous prétexte qu'il est Hakim ou savant dans son pays ; mais que lui sert sa science s'il est infidèle, puisque le Coran nous dit : les œuvres de l'incrédule sont semblables à la poussière qu'un vent violent disperse dans un jour orageux ; il n'en retirera aucune utilité.

» C'est avec justice que nous donnons aux Chrétiens le nom de chien d'après le Coran.

» L'incrédule qui refuse de croire à l'islamisme est plus abject que la brute aux yeux de l'Eternel. » *Coran*, ch. 8.

Comme le Cadi ne semblait pas ému de cette érudition passionnée, il s'en irritait. « Ce giaour, disait-il aux ayants, reste et demeure dans notre ville : il effraie, comme vous le voyez, nos femmes et nos enfants par son costume bizarre et ses longs cheveux. C'est sans doute un espion des Francs. Devrions-nous tolérer si longtemps son séjour? Nos ennemis ne méritent aucune pitié et nous avons le droit de nous venger sur tous les Francs qui viennent ici du mal qu'ils nous font sans cesse en nous enlevant des provinces et en détruisant nos flottes. »

L'Iman ajoutait : « Comme tous les Francs sont sorciers et pratiquent la magie, ne craignez-vous pas qu'il n'ait jeté un sort sur votre harem? Pour moi je redoute le *mal occhio*. Puisse le regard de ce giaour, que Dieu maudisse, ne pas porter malheur à votre famille. Les Francs ne cherchent qu'à faire du mal aux vrais croyants, et leur coup d'œil est celui du serpent, qui fascine l'oiseau. Nous n'avons pas de plus cruels ennemis, et nous souffrons leur présence jusque dans nos mosquées ! »

Dans toute cette petite affaire, le Cadi montra un grand bon sens et un calme impertur-

bable. Comme les ayants fanatiques , que l'é-
mancipation de la Grèce , la bataille de Navarin et surtout la prise d'Alger avaient irrités
autant que le vieil Iman de la Mosquée, lui re-
montraient qu'on ne pouvait laisser impunie
l'indiscrétion du Franc ,

« Puisque c'est un hadji de Jérusalem, leur
répondait-il , notre loi nous ordonne de le
respecter. Nous devons tolérer la folie ordinaire des Francs ; ce sont des étrangers , qui
ignorent nos usages. S'ils ne respectent ni la
tradition ni les mœurs antiques, c'est que Dieu
ne leur a pas fait la grâce de connaître le Coran , dont nous suivons les prescriptions nous
autres fidèles croyants. Tolérons donc cette
légèreté du hadji , dont la cause est due à l'é-
tourderie d'une esclave noire qui a oublié , en
allant au lac , de fermer la porte de la rue. »

L'Iman semblait plus aigri encore de cette paisible tolérance , et comme un des ayants ap-
puyait l'opinion hostile de l'Ouléma , le Cadi
reprit avec feu: Ne savez-vous pas que le Sultan
Mahmoud assure à chacun dans l'empire la
propriété et la liberté? Le hati-shérif de Gulha-
né s'exprime ainsi : « Notre nouvelle charte ,
donnée pour la réforme des anciens abus , s'é-
tend à tous nos sujets de quelque religion ou
secte qu'ils puissent être. Tous en jouiront
sans exception. Nous voulons donc que tous
les habitants de l'empire , indigènes ou étrangers aient une sécurité parfaite dans leur vie ,
leur honneur et leur fortune. C'est ce qu'exige
le texte sacré de notre loi. »

Le bon Cadi ajouta: « Vous le voyez, la justice est la même pour les Chrétiens comme pour
les vrais croyants. Respecterions-nous l'ordre
du Sultan , si nous forcions par des sévices ce
hadji franc de quitter Tabariéh? Le kétif de
l'Aga m'a fait voir le firman qu'il a reçu à Stamboul de notre Sultan , que Dieu rende victo-
rieux des Russes nos plus cruels ennemis ! Il
a droit de parcourir notre empire sans être
soumis ni au gaffar ni aux avanies; il est Franc.
Direz-vous qu'il porte un costume étrange et
de longs cheveux et qu'il épouvante les femmes
et les enfants? Ce n'est pas là une raison de le
faire partir; nous nous rasons la tête avec soin;
mais qui ne sait , ajouta-t-il avec un peu de
malice , que les longs cheveux caractérisent
le hadji? Les pèlerins de la Mecke ne laissent-
ils pas croître leur chevelure jusqu'à l'accom-
plissement de leur vœu? C'est un hakim ou
savant de Paris; son nom est Joackim (Joachim),
Il est venu à Tabariéh, c'était écrit ! laissons-
le donc en paix avec ses cheveux de femme
et son chapeau noir. Selon ce qu'on m'a rapporté , il cherche le long du lac des plantes et
de vieilles pierres, et il fait des vers comme
Saadi. Qu'il voyage donc en paix ; le monde
est grand ! »

Dans le pays de Tabariéh, le Cadi tient le second rang après l'Aga ou Mutsellim. Un cadi
turc est tout à la fois juge civil et criminel. On
peut faire appel de sa sentence dans les procès,

mais non dans les affaires criminelles. Il peut
faire pendre un voleur pris en flagrant délit.
Ainsi que l'Aga, il étend sa juridiction sur toute
la basse vallée du Jourdain et sur la Décapole.
Le Cadi est donc un magistrat considérable
à Tabariéh et il pouvait facilement nuire à un
pèlerin isolé loin des Echelles et de la protec-
tion des consuls. Mais il voulut se montrer juste: noble leçon donnée à propos dans une petite
ville fanatique. La haine n'est jamais sans irri-
tation ; tout , même la chose la moins repro-
chable , lui sert de prétexte. Quand la coupe
est pleine d'eau il suffit d'une goutte pour la
faire déborder.

Sans doute je n'ai pas de grandes actions de
grâces à rendre à ce sage Cadi , sa tolérance
n'ayant été pour moi que l'abstention de nuire;
cependant je lui dois de la reconnaissance :
car dans la société humaine on doit considérer
comme bienveillant quiconque se refuse à faire
du mal : qui n'est pas contre moi est avec moi.
Combien de gens vous nuisent sans qu'on leur
en ait donné le sujet ! Stupide plaisir du mal !
Le sage Cadi avait là une belle occasion de se
venger des Chrétiens en général et de moi en
particulier , s'il eût été aveuglé par la passion.
L'apparence ici lui donnerait raison contre un
Franc imprudent; il pouvait céder à l'excitation
de l'Iman et des autres fanatiques ; mais il ré-
sista et me défendit avec bon sens. La tolérance est ici une vertu stoïcienne.

On peut voir , par cet exemple de tolérance
dans une ville fanatique, que dans tous les pays,
quelle que soit la différence du culte et des
mœurs , il y a entre tous un lien d'humanité.
Il se rencontre partout, en dépit de l'ignorance
et de l'erreur, des gens de bien.

Pax hominibus bonæ voluntatis.

On voit que la réforme de Mahmoud , conti-
nuée par Abdul-Medjid, commençait déjà à pénétrer dans l'intérieur de la Syrie et à y porter
quelque fruit. Si les Turcs , moins aveuglés par
l'orgueil de race et par les préjugés, en sentent
toute la valeur , ils s'abstiennent toutefois d'ai-
der au mouvement de rénovation. Il n'est pas
dans les mœurs orientales de prendre aucune
initiative. Les Osmanlis feraient volontiers comme le paysan , qui attendait pour passer la
rivière , que toute l'eau se fût écoulée.

XIX.

NOCES TURQUES.

On voit dans tous les harems de la Palestine des esclaves noires , achetées en Egypte,
et cet usage m'amène à faire le récit d'un mariage turc à Tabariéh, car il est temps de
terminer cette description par un fait local, qui
fournira le dernier coup de pinceau. Trois jours
après mon arrivée , l'Aga turc, que j'avais
rencontré un peu avant le bain thermal , le
jour même de mon entrée dans la ville, prit

fantaisie d'épouser une jeune nubienne. Voici ce qui y donna lieu. Jusqu'alors son harem s'était composé de deux femmes blanches, une grosse et grasse mingrélienne qu'il avait fait acheter à Damas et une grecque de Scio, qu'il avait achetée lui-même au bazar de Saint-Jean-d'Acre. Il avait de plus quelques esclaves noires. Il les aimait toutes deux autant qu'un Turc peut aimer, mais surtout la grecque, dont j'ai déjà parlé et qui étant demeurée en proie à une nostalgie incurable, était à l'agonie quand j'arrivai sur les bords du lac. L'Aga, s'étant imaginé que j'étais un médecin, voulait à toute force m'introduire le lendemain dans son harem, pour guérir sa belle esclave; mais il n'était plus temps, elle mourut le soir même. L'écrivain maronite avait été chargé de m'amener au sérail; j'avais eu beau dire que je n'étais pas un médecin, mais un hadji, l'Aga resta convaincu de mon mauvais vouloir et me garda rancune. En effet, les Turcs sont persuadés que tous les Francs sont d'excellents médecins.

Pour calmer son désespoir, on lui fit entendre qu'il devait remplacer sa belle esclave par une nouvelle épouse. Depuis quelques mois il était arrivé d'Egypte à Tibériade une fen me nubienne, qui avait une fille de seize ans dont on vanta les charmes à l'Aga. Comme cette vierge noire était libre, il se laissa persuader de l'épouser; des propositions avantageuses furent faites à la mère, au moyen d'une entremise, et après qu'on eut longtemps discuté les conditions du contrat, on convint du prix, et moyennant 800 piastres comptant, l'Aga eut une seconde épouse.

Il faut observer, à propos du mariage d'un Aga turc et d'une nubienne, que rien n'est plus commun en Syrie que de voir à la fois dans le même harem une femme blanche et une femme noire. Depuis le dernier des Turcs jusqu'au Pacha, tous recherchent les femmes noires. L'esclavage étant toujours en vigueur en Orient, on tient marché de femmes noires à Saint-Jean-d'Acre et à Damas. Chaque année il arrive régulièrement une caravane d'Egypte, qui pourvoit au luxe des harems. Abdalah, pacha de Saint-Jean-d'Acre, a eu, dit-on, 80 femmes blanches et 150 noires, gardées par dix eunuques. C'est le harem le plus renommé de la Syrie. Les Turcs préfèrent les nubiennes aux abyssiniennes et aux africaines des autres races; mais par une singularité du climat, on voit rarement en Syrie des enfants de couleur. De même que l'Egypte n'adoptait pas le sang caucasien des Mamelucks, la Syrie n'adopte pas facilement le sang africain. Il semble que ce soit une loi de la nature que la race la plus avancée absorbe les races moins perfectionnées. C'est là une preuve que le progrès physique et moral est un fait général. Jamais la belle race des Géorgiens et des Caucasiens n'a pu s'acclimater sur les bords du Nil, peut-être parce qu'elle aurait subi une loi de dégénéra-

tion à laquelle se refusait sa puissante nature. Au reste, je laisse à la science à expliquer cette double anomalie en Egypte et en Syrie.

Je n'entreprendrai point de décrire tout ce qui se passe dans un harem à l'occasion d'un mariage turc, tant de voyageurs ayant déjà essayé de raconter les mœurs intimes de l'Orient sans avoir plus que moi pénétré dans les sanctuaires des maisons asiatiques. On peut sans doute, par le moyen des femmes juives auxquelles sont ouverts tous les harems, pénétrer à demi les mystères domestiques de l'Orient et les raconter en détail d'après des témoins occulaires et auriculaires; mais cette digression pourrait m'entraîner trop loin. Je ne dirai donc rien ni du bain préliminaire où l'on conduit en procession la fiancée, ni de la première entrevue, car les époux ne se voient qu'après la conclusion du mariage, ni des superstitions et des bizarres usages transmis d'âge en âge avec un soin religieux, ni enfin de la séparation qu'on exige des époux pendant 24 heures, après qu'ils se sont vus une heure seulement pour la première fois; je ne parlerai ici que de la fête extérieure à laquelle prit part la ville entière. Je dirai ce que j'ai vu de mes yeux comme un fidèle témoin.

Tous les soirs, pendant quatre jours consécutifs, on alluma un grand feu de joie sur la place du Sérail; là se rassemblaient au tomber du jour tous les oisifs de la ville et tous les fellahs des environs : Turcs, villageois, Arabes d'Elghor, les uns richement vêtus, les autres couverts de sales haillons; quelques-uns à demi-nus comme des sauvages. Tous réunis en commun autour du brasier qui dévorait les troncs d'oliviers et de chênes, ils formaient un cercle pressé de plus de 150 personnes. Serrés l'un contre l'autre, en tournant, ils frappaient tous ensemble du pied et des mains pendant des heures entières. Tous poussaient à la fois le même cri guttural et ils composaient ainsi le chœur de musique barbare le plus étrange et le plus sauvage que j'aie jamais entendu. Ils n'avaient pour accompagner la voix que le bruit du pied droit et des mains; des mains surtout dont ils frappaient violemment comme on le fait avec un battoir, en observant une certaine cadence monotone et en accompagnant chaque battement du même cri rauque et sourd. Ils s'excitaient par moment, s'arrêtaient un peu, puis reprenaient de nouveau la mesure, et ce charivari turc durait deux et trois heures. La nouvelle épouse de l'Aga, renfermée dans le harem, était spectatrice de la joie publique, à travers les croisées du sérail garnies de châssis de bois. Elle pouvait, sans se montrer, tout voir et tout entendre.

L'Aga parut un moment, puis il alla avec ses amis s'asseoir sur les coussins de son divan et fumer le chibouck au bruit de la fantasia dont il recevait l'hommage. Quant à la mère de l'épouse nouvelle, heureuse et fière d'avoir pour gendre un Aga, elle ne quittait pas la place, où elle était le principal acteur. Fidèle aux usages nubiens, tenant une épée nue d'une main et un voile de l'autre, elle entrait en scène chaque soir au milieu du chœur bruyant, qui entourait le feu de joie et elle se promenait autour de l'âtre en gesticulant et en faisant comme une sorcière mille contorsions ridicules. C'était elle qui par sa pantomime barbare excitait l'assemblée et, s'animant de plus en plus en tournant sur elle-même comme un derviche, elle donnait à propos le signal des battements de mains, tenait en haleine les exécuteurs de cette scène burlesque ou les excitait jusqu'à ce qu'enfin, l'écume à la bouche, les yeux hagards, elle tombât en convulsion. Alors la fatigue forçait tous les acteurs à s'arrêter à la fois comme entièrement épuisés. On m'apprit à cette occasion que le voile tenu à la main par la mère de l'épousée, représentait la tunique nuptiale, que l'antique Orient a longtemps offert aux regards publics, au mépris de la pudeur. Mais cet usage, qui se conserve en Nubie, a cessé dans la Turquie et on se contente aujourd'hui d'un symbole qui rappelle les vieilles mœurs.

Les habitants de Tabariéh s'empressaient d'assister à ce grotesque spectacle: Chrétiens des deux rites, Grecs catholiques et Maronites, Juifs allemands et Juifs indigènes, Turcs et Arabes des environs, tous assistaient chaque soir aux scènes de la pompe nuptiale. Je me donnai aussi cet innocent plaisir, quoi qu'on semblât m'y voir de mauvais œil; car j'avais refusé de donner des remèdes à la femme agonisante de l'Aga, et peut-être craignait-on que je ne jetasse quelque sort sur la nouvelle épouse. La superstition est d'autant plus ridicule qu'elle est plus ignorante. Quoi qu'il en soit, tous les soirs, après être revenu de mes courses qu'il fallait terminer de bonne heure, puisque la porte de la ville se fermait au coucher du soleil, j'allais m'établir, accompagné du chrétien qui me servait d'interprète et de mon guide, sur la place du Sérail; j'observais de près ces singulières mœurs, si nouvelles pour moi, et je ne me retirais chez mon hôte, l'écrivain maronite, qu'après avoir vu jusqu'à la fin la danse africaine de la mère de la nouvelle épouse et les trépignements frénétiques du cercle qu'elle dirigeait.

Quand cessait la *fantasia* de la fête nuptiale, tous les acteurs de ce charivari turc se rassemblaient par petites troupes devant de vastes marmites remplies de mouton et de pilau; les cuisines de l'Aga en faisaient les frais et les serviteurs attachés au sérail en faisaient les honneurs à la foule. Le festin terminé en une demi-heure, les convives se retiraient en silence, et à dix heures la place du Sérail, tout à l'heure si animée, redevenait muette et déserte; la porte de la cité étant fermée, les fellahs et les Arabes venus des environs allaient coucher en plein air parmi les décombres et sur le sol nu. La ville entière retombait soudain dans son si-

lence accoutumé: plus d'écho que celui des bruits du lac. Les restes oubliés du feu de joie, demeuré seul témoin de la fête nuptiale, jetaient encore à l'entour quelques pâles lueurs, puis l'éclat des étoiles remplaçait peu à peu le dernier jet de la flamme vacillante, qui se mourait comme celle d'une lampe s'éteignant sur un tombeau.

Mais de telles magnificences ont un lendemain et ce ne sont point les Agas qui sont ruinés par des mariages; la ville a dû faire plus tard tous les frais de cette *fantasia*, car il est d'usage en Turquie d'offrir un bacchis ou présent à un gouverneur toutes les fois qu'il prend une nouvelle épouse. Une avanie jetée sur les Juifs et les Chrétiens aura été plus que suffisante pour indemniser de ses largesses l'Aga de Tabariéh, et je doute d'autant moins de ce résultat, que les rayas semblaient le pressentir et se résignaient à payer les frais de cette fête nocturne. Signor, me disait mon interprète, ce sont les Juifs et nous à qui ces maudits Turcs feront payer dans quelques jours les frais de la fête nuptiale; nous avons donc droit de nous placer au premier rang pour notre argent. Ces paroles me rappelaient ce qu'on m'avait raconté à Nazareth du cheik Daker, mutselim d'Acre. Comme le couvent latin de Nazareth lui devait une redevance, toutes les fois qu'il prenait une nouvelle femme, il avait soin, en véritable arabe, de se marier une fois par mois. De sorte que d'annuelle qu'elle était, cette redevance devint mensuelle.

La Fontaine a eu raison de dire:

De tout temps
Les petits ont pâti des sottises des grands.

Certes ces noces turques paraîtront bien grossières, si on les compare aux noces mythologiques que Catulle nous retrace dans sa charmante épithalame de Junie et de Manlius:

Hymen ô Hymenæe
Cinge tempora floribus.

Rome a emprunté à la Grèce ses poétiques usages que la Grèce elle-même avait empruntés à l'Orient. Les Turcs ont conservé les anciennes traditions. Comme du temps de Théocrite, l'épouse musulmane se couronne de fleurs; elle a le visage voilé et elle est chaussée d'un brodequin jaune. Mais les Osmanlis, qui campent depuis quatre siècles sur les belles rives du Bosphore, de l'Oronte et du Jourdain, n'ont pas su emprunter aux beaux sites de la Grèce et de la Syrie, qu'ils ont subjugués comme l'avaient fait les Romains, les splendides couleurs dont l'art s'est enrichi. Du moins, s'ils ignorent l'usage du pinceau et du ciseau, ils connaissent la nature, et de fraîches eaux, de verts ombrages charment leur indolence voluptueuse.

Les Turcs sont une nation grave; leur vie est patriarcale; et, comme les ascètes des monastères du moyen-âge, ils vivent par la contemplation. Le calme est le fond de leur être, la modération et la résignation en sont les éléments. Ils seraient vraiment heureux de leur ignorance apathique, si le bonheur sur la terre pouvait exister ailleurs que dans la pratique des vertus.

XX.

LE TREMBLEMENT DE TERRE.

Le dimanche matin, après avoir passé une semaine sur les bords du lac, je me disposais au départ, après avoir envoyé la veille chercher un guide et des chevaux à Nazareth.

A huit heures, la messe fut célébrée dans l'église de Saint-Pierre, où le jour ne venant que par deux fenêtres étroites de chaque côté, il fallait pour avoir une belle lumière laisser la porte ouverte à deux battants. Le prêtre syrien du rite grec officia sans pompe devant la foule réunie des 200 chrétiens qui composent la communauté de la ville.

Après l'office, j'allai dire adieu à mes bons amis, l'écrivain maronite et sa famille. Quand le guide eut assez reposé ses chevaux, je quittai Tabariéh, et le père Franciscain, mon commensal, m'accompagna jusqu'à la porte de la ville. De là, ayant gravi à pas lents les coteaux qui dominent la ville, j'atteignis, après une heure de marche, celle des deux collines qui s'élève au-dessus du village de Hittin au sud-est. C'est la plus élevée, et on la nomme la Montagne des Béatitudes. Selon la tradition, c'est dans ce lieu que le Christ prononça ce discours merveilleux connu sous le nom de Sermon sur la montagne et si admiré par J.-J. Rousseau, ce génie si extravagant, mais qui du moins sentait la puissance de l'Evangile, si par orgueil il ne pouvait en admettre la merveilleuse autorité.

Cette belle colline des Béatitudes est toujours fleurie comme elle l'était du temps du Christ. Sur les flancs au sud-est, on voit les restes d'un édifice ruiné ; il marque la place d'un sanctuaire. C'était une chapelle bâtie par les chrétiens au lieu même où notre Seigneur prononça le Sermon sur la montagne.

Si de l'Evangile je me reporte aux croisades, c'est ici que tomba le royaume français avec la relique de la vraie croix ; c'est ici que périt Renaud de Châtillon et que Guy de Lusignan fut fait prisonnier. La France a ici le Waterloo d'outre-mer. Honneur aux croisés vaincus, aux templiers martyrs !

Dulce est pro patria mori !

La Terre-Sainte était pour eux une seconde France, une nouvelle patrie.

C'est en 1851 que j'ai pu voir pour la dernière fois le lac de Tibériade, et dire adieu à la vallée du Jourdain. On ne peut pas deux fois faire le pèlerinage. Je laissai, après un dernier regard, Tabariéh pleine de sécurité. Que j'étais loin de m'attendre à cette prochaine destruction qui la menaçait ! Puis-je finir ces études de mœurs et d'histoire sans ajouter qu'elle n'est plus. Un épouvantable sinistre a été le terme imprévu de cette suite de scènes de mœurs. Le spectacle commencé par une petite comédie a fini par une horrible tragédie. Trop souvent ainsi du plus doux songe on passe à la plus effroyable réalité :

Et le songe a fini par un coup de tonnerre.

Le 1ᵉʳ janvier 1857, un peu avant le lever du soleil, les habitants dormaient encore. C'était un de ces jours magnifiques, qui succèdent en Orient à une nuit splendide ; l'air était calme. Mais déjà les animaux s'étaient réveillés avec effroi. Tout-à-coup la rive du lac est agitée dans les profondeurs du sol : les eaux se gonflent, frappées du contre-coup volcanique et se roulent en vagues énormes, qui déferlent sur les bords. Un mugissement souterrain se fait entendre comme un roulement de pesants chariots ou comme des bruits de tonnerre rejetés par l'écho. Le sol tremble et s'entr'ouvre, horrible réveil des habitants, surpris à demi-nus, qui s'élancent hors de leurs maisons. Les murailles de la ville, le bazar, la mosquée, l'église de Saint-Pierre s'écroulent avec fracas ; la plupart des maisons sont renversées sur elles-mêmes. Les oscillations du sol se succèdent pendant plusieurs secondes, et les deux tiers de la ville sont détruits. Une minute à peine a suffi pour changer en débris les édifices les plus solides. Les femmes, les enfants poussent des cris de désespoir, ils s'agitent sans but et le volcan sourd gronde toujours sous leurs pas incertains. Parmi les hommes les uns s'échappent du milieu des décombres et vont chercher un refuge dans la campagne, les autres aident à sauver des victimes de dessous les ruines ; on en voit qui, frappés de stupeur, ne savent plus si c'est un songe ou la réalité. Ce fut, disent les chrétiens qui ont eu le bonheur d'échapper à ce bouleversement du sol, un épouvantable spectacle de voir les blessés et les mourants se débattre en implorant la pitié, au milieu des ruines accumulées, sans distinction de Juifs et de Musulmans. Dans cette crise, toute rivalité de race, tout préjugé de secte était oublié. On campa pendant trois jours sur la rive, sans oser rentrer dans les maisons qui restaient debout ; mais l'abîme s'était rassis et le sol était redevenu immobile.

On rentra donc enfin dans la cité, qui n'était plus que l'ombre d'elle-même. On se refit peu à peu avec les débris des demeures misérables. Il avait péri en quelques secondes cinq cents Juifs, trois cents Osmanlis et vingt-cinq chrétiens. Safad, capitale de la haute Galilée, fut plus maltraitée encore que Tabariéh, car elle vit périr deux mille Israélites dans cette horrible révolution du sol. La commotion s'étendit aux montagnes de Tyr et se fit sentir aux villes de la côte Saïda et Beyrout. La moitié du vaste kan français à Saïda s'écroula. Nazareth fut épargnée et servit de refuge aux chrétiens échappés de Tabariéh.

De tels fléaux trop fréquents en Syrie, peut-être à cause de l'abondance des pluies, après d'extrêmes sécheresses, sont d'autant plus cruels que le gouvernement turc les voit de loin avec son apathie ordinaire et ne fait rien pour secourir les victimes et adoucir le malheur public.

Le climat de la Syrie est régulier. Il n'y a, à proprement parler, que deux saisons : l'été et l'hiver. L'été est caractérisé par la sécheresse et des chaleurs souvent excessives ; l'hiver par des torrents de pluie. Pendant huit mois, le ciel est nu et d'un azur lumineux ; pendant quatre mois ce sont des orages, des vents, des trombes et des abats d'eau. On a observé que les tremblements de terre se font sentir tous les ans avec plus ou moins d'intensité après les grandes pluies. Il semble donc que l'action des eaux sur un sol aride et desséché est la principale cause de ces perturbations. Les mêmes phénomènes se font remarquer dans l'Asie Mineure.

Un voyageur français, qui a bien mérité de la science, M. Baptistin Poujoulat, dont le voyage à Palmyre est si curieux, s'est trouvé sur les bords du lac en décembre 1857, l'année même du tremblement de terre, et il raconte qu'il ne put trouver un asile dans les ruines de Tabariéh, dont les chrétiens s'étaient enfuis à Nazareth. Il n'y trouva que des Juifs et des Musulmans encore effrayés. Il passa la nuit sur la rive, à l'éclat des étoiles, et repartit le lendemain, après avoir vu le bain thermal.

Mais d'après des nouvelles plus récentes, Tabariéh se relève peu à peu de ce désastre, grâce à la patience des Juifs indigènes. Il est chez ce peuple prédestiné un feu sacré, qui ressuscite les cités, c'est l'amour de la patrie !

Au moyen-âge, un pauvre rabbin espagnol, qui fit le pèlerinage de Jérusalem, chantait le malheur de ses frères sur le sol où vécurent les saints de la Bible et les prophètes. Voici plusieurs stances traduites de cette élégie, qui se chante dans la synagogue allemande de Tabariéh, le 10 *ab* (juillet), jour anniversaire de la destruction de Jérusalem par les Romains.

« As-tu oublié, ô Sion ! tes enfants captifs ; ils dirigent vers toi un regard plein d'espoir et te portent le tribut de leurs larmes ; elles tombent comme la rosée de l'Hermon. Hélas ! que ne peuvent-elles arroser tes collines désertes ! Quand je pleure ta chute, c'est le cri lugubre de l'oiseau de nuit ; mais quand je rêve le retour de la captivité, ce sont les accents de la harpe qui accompagnaient jadis tes chants divins.

» Pourquoi mon âme ne peut-elle planer sur ces lieux, où Jéhovah se révélait à tes prophètes. O Sion ! donne-moi des ailes et je porterai sur tes ruines le poids de mon cœur. J'embrasserai tes pierres muettes et mon front touchera ta sainte poussière. Mon pied foulera le sépulcre de mes ancêtres ; je contemplerai à Hébron la sépulture d'Abraham ; je contemplerai le mont Abarim et le mont Hor, qui couvrent les cendres de Moïse et d'Aaron, les deux lumières d'Israël.

» O Sion, dans ton air je respirerai le souffle de la vie ; dans ta poussière le parfum de la myrrhe ; dans l'eau du Jourdain je savourerai le miel.

» O Sion, couronne de la beauté, rappelle-toi le tendre amour des tiens, que ton bonheur transportait de joie et que tes revers ont plongés dans le deuil ; du fond de l'exil ils tournent vers toi leurs cœurs, et dans leurs prières ils s'inclinent vers tes portes. Les troupeaux dispersés n'ont point oublié la chère patrie ; ils se sentent à jamais entraînés vers tes montagnes et l'ombre de tes antiques palmiers.

» Tous les empires de tes ennemis rentreront dans le néant ; toi seul tu resteras à la fin des siècles, car le Seigneur fixera sur toi sa résidence éternelle. Heureux le mortel qui demeurera dans l'abri de tes murs ; heureux le mortel qui verra poindre la nouvelle aurore. Il verra le bonheur de tes élus, il assistera à tes fêtes, et tu seras belle comme au jour de ta jeunesse. »

N'est-ce pas là un écho lointain des psaumes de David, entendu sur les ruines de Judée ? Et cette éternelle espérance n'est-elle pas une foi invincible ? Bien plus, la tradition chrétienne, d'accord en ceci avec la tradition juive, ne nous indique-t-elle pas qu'à la fin des temps les Israélites, revenus alors de leur fatal aveuglement, se convertiront et rétabliront Jérusalem dans sa première gloire, en reconnaissant enfin pour le vrai Messie, désigné par les prophètes, celui qu'ils ont cloué sur une croix ! réalisation tardive des promesses divines. Il semble que cette nation dont la loi fut écrite sur la pierre au Sinaï en ait contracté une sorte de pétrification intellectuelle, tant elle s'est endurcie dans un mystérieux aveuglement. Pétrifiés dans le mosaïsme, les Israélites, ressemblent aux fossiles, qui conservent sur toutes les latitudes la forme primitive. Ils gardent leur long espoir et une foi immuable dans un avenir inconnu. L'amour de la patrie, quand il est uni à la foi, peut attendre le salut non après des mois et des ans, mais après des siècles.

Je pouvais déjà voir au-delà de la plaine le village de Cana, patrie de Nathanaël, quand je m'aperçus de la perte d'un de mes manuscrits. Sans doute qu'en descendant de cheval, pour monter sur la colline des Béatitudes, il était tombé des poches de l'habit. Je revins donc sur mes pas, ce qui contraria mon guide, impatient du retour avant la nuit. Ce fut inutile, je ne pus rien retrouver. Ce manuscrit précieux pour moi, mais sans valeur pour les indigènes, était-il passé entre les mains de quelques fellahs de Hittin qui s'étaient approchés pendant ma station ? Je repris ma route, avec le guide qui m'avait fort peu aidé dans une recherche dont il n'appréciait pas l'importance et je n'arrivai au couvent latin de Nazareth qu'après la nuit close. Je me nommai et la porte de fer s'ouvrit. Le vénérable Père Vito, qui m'attendait, commençait à s'inquiéter. Douce chaleur de l'amitié chrétienne, véritable expression de la fraternité évangélique! Je n'eus rien de plus pressé le lendemain que d'envoyer un billet avec un messager au bon Saba, pour le prier de s'informer, promettant une récompense à celui qui pourrait remettre le manuscrit. Huit jours après le bon Saba me fit répondre qu'on n'avait pu rien savoir. Le moine espagnol revint plus tard encore, sans pouvoir rien éclaircir. Ainsi finirent mes relations d'amitié avec le bon Saba. Puisse cette famille maronite avoir échappé à la destruction de Tabariéh! Car, comme le dit l'Evangile, dans le grand jour de la désolation, l'un est pris et l'autre est laissé. L'ange exterminateur sait, en frappant, faire un choix dans ces grands mystères de destruction.

FIN D'UNE SEMAINE A TABARIEH.

ROANNE. — Imprimerie FERLAY.

[illegible]